RÉPUBLIQUE FRANÇAISE

MINISTÈRE DU COMMERCE, DE L'INDUSTRIE,
DES POSTES ET DES TÉLÉGRAPHES

DIRECTION DU TRAVAIL

COMMISSION D'HYGIÈNE INDUSTRIELLE

MALADIES PROFESSIONNELLES

ÉTUDE TECHNIQUE
SUR LEUR ASSIMILATION AUX ACCIDENTS DU TRAVAIL

PARIS
IMPRIMERIE NATIONALE

1903

MALADIES PROFESSIONNELLES

ÉTUDE TECHNIQUE

SUR LEUR ASSIMILATION AUX ACCIDENTS DU TRAVAIL

RÉPUBLIQUE FRANÇAISE

MINISTÈRE DU COMMERCE, DE L'INDUSTRIE,

DES POSTES ET DES TÉLÉGRAPHES

DIRECTION DU TRAVAIL

COMMISSION D'HYGIÈNE INDUSTRIELLE

MALADIES PROFESSIONNELLES

ÉTUDE TECHNIQUE

SUR LEUR ASSIMILATION AUX ACCIDENTS DU TRAVAIL

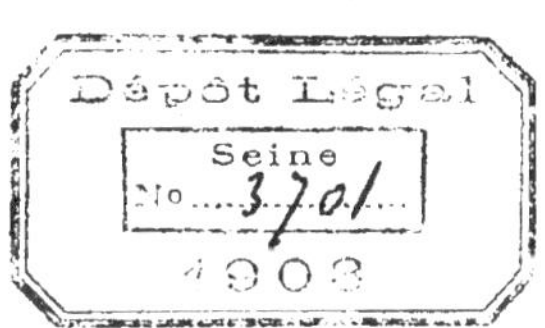

PARIS
IMPRIMERIE NATIONALE

1903

À M. GEORGES TROUILLOT,

DÉPUTÉ,

MINISTRE DU COMMERCE, DE L'INDUSTRIE, DES POSTES ET DES TÉLÉGRAPHES.

MONSIEUR LE MINISTRE,

Dans sa séance du 5 décembre 1901, la Chambre des députés a voté une motion invitant le Gouvernement à constituer une Commission extraparlementaire composée de membres du Parlement, de représentants des patrons et des ouvriers, chargée de dresser : 1° la liste des maladies professionnelles, c'est-à-dire de celles dont l'exercice de la profession est la cause organique, exclusive ou essentielle; 2° la liste des professions correspondantes avec, pour chacune d'elles, le coefficient de risque spécial d'invalidité ou de morbidité résultant desdites maladies.

Dans la même séance, M. J.-L. Breton et un certain nombre de ses collègues avaient déposé une proposition de loi ayant pour objet l'extension aux maladies d'origine professionnelle de la loi du 9 avril 1898 sur les accidents du travail. Cette proposition a été l'objet d'une déclaration d'urgence. Elle est ainsi conçue :

ART. 1er. — Les maladies d'origine professionnelle sont assimilées aux accidents du travail visés par la loi du 9 avril 1898.

ART. 2. — Sont considérées comme maladies professionnelles les empoisonnements, aigus ou chroniques, résultant de la fabrication ou de l'emploi des substances suivantes :

1. Plomb et ses composés;
2. Mercure et ses composés;
3. Arsenic et ses composés;
4. Cyanogène et ses composés;
5. Phosphore;
6. Sulfure de carbone;
7. Nicotine;
8. Benzine, nitro-benzine, aniline, pétrole, goudron, essence de térébenthine, vaniline, essences odorantes, esprit de bois, acide picrique;
9. Gaz irrespirables et vénéneux : acide sulfureux, acide hypoazoteux,

acide azoteux et vapeurs d'acide azotique, acide chlorhydrique, chlore, brome, iode, acide fluorhydriqûe, acide carbonique, acide sulfhydrique, oxyde de crabone;

10. Virus de la variole, du charbon et de la morve;

11. Poussières diverses.

Art. 3. — Des décrets rendus après avis du Comité consultatif des arts et manufactures et du Comité d'hygiène publique de France, au fur et à mesure des nécessités constatées, pourront étendre la liste de ces substances toxiques dont l'usage provoque des maladies professionnelles.

Votre prédécesseur, M. Millerand, a pensé que pour hâter l'examen d'une question qui intéresse à si juste titre le monde du travail, et pour apporter à la détermination des maladies professionnelles toute la compétence technique désirable, en même temps que toutes les garanties juridiques aux règlements à intervenir, il pourrait être fait appel au concours de deux commissions fonctionnant actuellement au Ministère du Commerce.

La première de ces commissions est la Commission d'hygiène industrielle dont la composition technique offre toutes garanties, et qui a été spécialement instituée en vue d'élaborer les prescriptions qu'il conviendrait d'imposer à certaines industries ou à certains modes de travail présentant des causes particulières de danger pour les ouvriers qui y sont employés.

Cette réglementation préventive ne saurait, en effet, être élaborée pour chacune des industries en cause, sans une étude préalable des risques particuliers auxquels sont exposés les ouvriers qui travaillent dans ces industries.

Or, en effectuant cette recherche préalable sur les industries susceptibles de donner naissance à des maladies professionnelles, il a paru que la Commission d'hygiène industrielle, loin de perdre de vue l'objet spécial auquel elle doit sa constitution, recueillerait au contraire les indications les plus précieuses pour pouvoir ensuite élaborer les règlements destinés à prévenir les inconvénients résultant de l'exercice de ces industries.

La seconde commission à laquelle il sera fait appel est le Comité consultatif des assurances contre les accidents du travail, composée de membres du Parlement, d'actuaires et de juristes, et dont les attributions s'étendent sur les questions que soulève l'application de la loi du 9 avril 1898.

La tâche de cette commission consistera à recueillir les indications techniques fournie par la Commission d'hygiène industrielle relativement aux maladies professionnelles, et à élaborer sur ces indications un texte qui sera soumis au Parlement.

Comme conséquence des considérations qui précèdent, la Commission d'hygiène industrielle a été saisie de la question par la mise à l'ordre du jour de sa séance du 3 mars 1901 des deux points suivants :

1° Étude des maladies exclusivement engendrées ou nettement provoquées par un travail professionnel;

2° Établissement de la liste des industries susceptibles d'engendrer ou de provoquer ces maladies.

La Commission a entendu et discuté dix rapports présentés par ses membres, imprimés et distribués avant les séances.

Des procès-verbaux ont été dressés, portant compte-rendu analytique détaillé des discussions.

La Commission a décidé qu'un de ses secrétaires analyserait les rapports et les discussions dont ils ont été l'objet, de façon à établir un projet de rapport général que la Commission pourrait discuter encore, et qui serait le résumé de ses travaux. Vous trouverez ci-après les rapports qui ont été présentés à la Commission, suivis du rapport général.

Ces rapports sont publiés dans l'ordre suivant :

RAPPORTS SUR LES MALADIES CAUSÉES PAR	NOM de MM. les Rapporteurs.
Le plomb et ses composés	Drs Thoinot.
Le mercure et ses composés	Josias.
L'arsenic et ses composés	Bourges.
Le sulfure de carbone	Heim.
La benzine, la nitro-benzine, l'aniline, les essences diverses	Courtois-Suffit.
L'hydrogène sulfuré	Courtois-Suffit.
Les vapeurs et gaz vénéneux ou caustiques	Le Roy des Barres.
Les virus de la variole et du charbon	Brémond.
Les poussières à pneumonies	Courtois-Suffit.
Les dermatoses professionnelles	Le Roy des Barres et Courtois-Suffit.
Rapport général	M. Leclerc de Pulligny.

Veuillez agréer, Monsieur le Ministre, l'expression de mon respectueux dévouement.

Paris, le 1er août 1903.

Le Directeur du Travail,

Arthur FONTAINE.

LES INTOXICATIONS PROFESSIONNELLES

PAR LE PLOMB ET SES COMPOSÉS

RAPPORT PAR M. LE Dr **THOINOT**,

PROFESSEUR AGRÉGÉ, MÉDECIN DES HÔPITAUX, MÉDECIN EXPERT PRÈS LE TRIBUNAL DE 1re INSTANCE DE LA SEINE.

Le plomb, tous ses sels et tous ses alliages sont toxiques, également toxiques, et produisent les mêmes accidents dans l'organisme de l'ouvrier qui les a absorbés soit par les *voies digestives*, soit par les *voies respiratoires*, soit par la *voie cutanée*, et ces accidents forment un groupe naturel connu sous le nom de *saturnisme*, ou *intoxication saturnine*. Les différences cliniques, les variations qu'on observe dans la gravité de l'intoxication saturnine ne tiennent en aucune façon à l'espèce de préparation plombique maniée, mais seulement au mode de travail, suivant que celui-ci dégage plus ou moins de poussière toxique, qu'il nécessite un contact plus ou moins intime avec la substance dangereuse, une exposition plus ou moins répétée ou prolongée aux effets de cette substance, et suivant encore que les précautions hygiéniques et prophylactiques sont plus ou moins négligées, etc.

Toute industrie où le plomb est employé sous quelque forme que ce soit est donc facteur d'intoxication saturnine, et si quelques industries font plus de saturnins que les autres, la chose s'explique par la simple observation des conditions matérielles de ces industries.

Puisque l'intoxication saturnine est *une*, que tous les composés du plomb employés industriellement sont facteurs d'une même intoxication, notre rapport n'a qu'à énumérer les accidents saturnins est à formuler des réponses aussi satisfaisantes qu'il se pourra aux diverses questions qui doivent faire l'objet des études et des discussions de la Commission.

Nous adopterons le plan suivant :

1° Énumération et classement des accidents saturnins professionnels ;

2° Marche générale de l'intoxication industrielle ;

3° Étude des accidents saturnins en particulier au point de vue de leur fréquence, de leur durée, de leur gravité et de leurs conséquences relativement à l'incapacité de travail temporaire ou permanente qu'ils peuvent entraîner, et des caractères qui permettent d'en assurer le diagnostic médical.

I. — *Énumération et classement des accidents saturnins.*

L'empoisonnement par le plomb est celui qui présente la plus grande richesse d'expression symptomatique : les accidents saturnins sont donc très nombreux, d'importance d'ailleurs très différente et quelques-uns sont encore ou mal connus ou discutés. Les énumérer tous serait malaisé et d'ailleurs inutile : nous nous bornerons aux plus fréquents, aux plus importants, aux mieux connus.

Dans cette énumération, comme d'ailleurs dans tout le cours de ce Rapport, nous aurons soin de n'avancer aucune opinion personnelle. Nous avons tenu à nous appuyer exclusivement sur les auteurs qui font autorité en la matière, et dont nous avons revu et dépouillé les travaux pour ce rapport : Tanquerel des Planches, Grisolle, Manouvrier, Garrod, Duchesne de Boulogne, Charcot, Letulle, etc.

On peut énumérer de la façon suivante les divers troubles et symptômes pathologiques qui constituent les manifestations les plus communes du saturnisme.

Accidents aigus ou subaigus (*épiphénomènes aigus ou subaigus*) :

1. Coliques de plomb;
2. Myalgies-arthralgies;
3. Troubles nerveux moteurs et sensitifs : paralysies, encephalopathie, hystérie saturnine, tremblements.

Accidents chroniques. La cachexie saturnine avec ses constituantes :

Anémie progressive;
Néphrite saturnine;
Goutte saturnine;
Artériosclérose.

II. — *Marche générale de l'intoxication saturnine*

Les accidents saturnins apparaissent d'une façon plus ou moins précoce après le début de l'exposition au poison suivant la *prédisposition individuelle*, les *habitudes hygiéniques* du sujet et suivant la *dose de poison* à laquelle il est soumis, c'est-à-dire suivant le métier saturnin qu'il exerce.

De la *prédisposition individuelle* nous ne savons rien. Il est seulement constant que toutes choses étant ou paraissant égales, dans une même usine, dans un même atelier, tel ouvrier a des accidents au bout de quelques jours ou quelques mois d'exposition au poison, tel autre au contraire travaille depuis des années sans avoir présenté le moindre symptôme d'intoxication.

L'*influence du métier* se conçoit d'elle-même : là où l'intoxication doit se faire plus facile et plus forte, les symptômes saturnins apparaissent de meilleure heure; l'ouvrier qui fabrique le minium est atteint plus précocement que le peintre en bâtiment, par exemple.

Les *habitudes hygiéniques* ont une influence très marquée sur le début et sur la répétition des accidents. *L'ouvrier propre* évite ou retarde l'éclosion des premiers accidents et leur répétition.

L'influence de l'*alcoolisme* est bien connue et doit être prise en considération sérieuse. Les accidents saturnins éclatent très nettement après un écart de régime, et l'on sait même que chez un ouvrier qui a eu des accidents saturnins antérieurs, mais ne travaille plus au plomb, parfois depuis longtemps, un excès de boisson peut ramener des accidents saturnins très caractérisés.

L'intoxication saturnine tantôt ne constitue qu'un accident *passager*, déterminant une simple incapacité temporaire de travail sans reliquat, tantôt au contraire s'empare pour ainsi dire de l'individu tout entier qu'elle conduit, à travers une série d'épisodes pathologiques, à la déchéance totale, à l'invalidité, à l'incapacité permanente et absolue de travail et enfin à la mort.

Rentrent dans la première catégorie les individus qui, après un premier accident saturnin, ou tout au moins sans attendre la répétition trop fréquente des accidents, quittent leur dangereux métier.

Pour les autres, ceux qui subissent l'intoxication continue, se déroule *schématiquement* le tableau suivant : une série d'*épisodes aigus ou subaigus, à répétition*, tranchent sur un fond d'*infirmité chronique* qui s'aggrave chaque jour.

Les *épisodes aigus ou subaigus* à répétition, que nous étudierons de plus près ci-dessous, sont les *colliques de plomb*, les *myalgies* et *arthratgies*, les *paralysies* et *les ictus cérébraux*, qui peuvent parfois mettre brusquement fin au tableau de l'intoxication chronique en provoquant la mort rapide : tous ces épisodes constituent — les ictus cérébraux mortels étant naturellement exceptés — une invalidité temporaire plus ou moins longue, une *incapacité de travail temporaire*.

L'*infirmité chronique*, la *cachexie saturnine* tient à l'imprégnation de tout l'individu : elle se marque par les dégénérescences artérielles, les lésions rénales, la goutte saturnine, l'anémie, et elle aboutit, ainsi que nous le dirons ci-dessous, à l'*invalidité totale*, à l'*incapacite absolue* et *permanente* de travail, et enfin à la mort.

Dans la pratique, la complexité symptomatique, la rapidité d'évolution et la gravité de l'intoxication saturnine *progressive* et *continue* sont naturellement variables, et ici nous retrouvons les facteurs déjà connus : *la prédisposition individuelle*, que nous mentionnons sans pouvoir aller au delà de ce simple énoncé; *la dose et la violence de l'intoxication*, c'est-à-dire le genre de métier même, et enfin les *habitudes hygiéniques*. C'est ainsi que l'on peut voir les épisodes aigus se dérouler peu violents à longs intervalles l'un de l'autre, et l'infirmité chronique avec tous ses éléments constituants reculée pour ainsi dire indéfiniment, tandis qu'ailleurs les épisodes aigus se répètent coup sur coup, à bref délai, l'infirmité chronique fait des progrès d'une rapidité effrayante et en quelques mois, en un an ou deux l'individu arrive à la déchéance totale absolue, s'il n'a pas été emporté au cours d'un épisode aigu de saturnisme. C'était l'histoire commune de la trop fameuse usine de Clichy, et si cette physionomie du saturnisme est plus rare aujourd'hui, tout médecin en a vu cependant quelques exemples. D'autre part aussi tout médecin a observé des peintres, par exemple, qui ont un épisode aigu de coliques ou tout autre épisode aigu à de très longs intervalles, et qui exercent leur métier pour ainsi dire leur vie entière, sans arriver à l'incapacité absolue de travail, et sans connaître jamais autre chose que les incapacités temporaires déterminées par les épisodes aigus de leur intoxication.

III. — *Étude particulière des divers accidents saturnins.*

Cet aperçu général esquissé, nous allons entrer dans le détail et prendre chaque symptôme ou groupe de symptômes en particulier pour le traiter au point de vue de sa fréquence, de sa gravité, de sa durée, des conséquences qu'il peut entraîner pour le travail et de ses caractères diagnostiques. Mais tout d'abord, il nous faut étudier à part un *stigmate* de l'intoxication plombique dont le rôle est capital dans le diagnostic du saturnisme et des accidents qu'il provoque : ce stigmate est constitué par les *colorations plombiques de la muqueuse bucchale.*

Les colorations plombiques de la muqueuse bucchale.

Ce sont le *liséré gingival de Burton*, la plus fréquente de ces colorations, et les *plaques de la face interne des joues et des lèvres* (tatouage plombique) plus rares que le liséré.

Le liséré gingival de Burton est connu de tout le monde. Il se rencontre sur le bord libre des gencives, au niveau de la sertissure des dents, et consiste en une coloration gris bleuâtre ardoisé, plus ou moins noirâtre quand elle est intense, et dont l'étendue varie depuis un dixième de millimètre jusqu'à un millimètre environ.

La signification du liséré gingival est très grande. Il est constitué, en effet, par du *sulfure de plomb*, et le plomb qui s'est ainsi transformé en sulfure sous l'influence de l'hydrogène sulfuré, toujours présent dans la bouche, provient *pour les uns* de l'*extérieur*, c-est-à-dire de l'atmosphère *professionnelle* où vit le malade et qu'il respire ou déglutit ou bien de ses mains imprégnées de plomb qu'il a portées à sa bouche; *pour les autres* de *l'organisme même du malade* dont le sang imprégné de plomb laisse transsuder le métal dans la bouche à travers les glandes buccales et les gencives. Il y a en faveur des deux théories, toutes deux soutenues par des auteurs recommandables, de fort bons arguments et elles ne sont nullement inconciliables ni exclusives l'une de l'autre. En les acceptant on voit que le liséré saturnin constitue *soit* un signe certain que le sujet vit dans une atmosphère de poussières plombiques, *soit* un indice que l'organisme du sujet est imprégné de plomb.

On comprend quel appui le médecin trouve dans la constatation du liséré de Burton pour affirmer la nature saturnine des accidents qu'accuse le sujet porteur de ce liséré et c'est à ce titre d'élément diagnostique de premier ordre — admis comme tel par tous les auteurs — que nous l'étudions ici.

Le liséré de Burton est très fréquent chez les saturnins : *il n'est pas cependant absolument constant,* et il ne peut pas exister chez des ouvriers qui présentent cependant au moment de l'examen des signes indéniables d'intoxication par le plomb. C'est ainsi que le docteur Manouvrier, sur 50 cas de saturnisme professionnel indéniables, étudiés par lui à ce point de vue, a noté l'absence du liséré gingival de Burton dans 5 cas. Il ne faudrait donc pas attacher à la présence de ce liséré une valeur absolue et en exiger la présence *sine qua non* pour rattacher au saturnisme des accidents observés.

Le tatouage des joues et des lèvres est de même provenance et de même signification, *quand il existe*, que le liséré gingival; mais il est de fréquence beaucoup moindre.

Venons-en maintenant aux Épisodes aigüs et suraigus de l'intoxication.

Colique de plomb.

La colique de plomb est un épisode aigu de l'intoxication saturnine, et c'est le plus fréquent de tous, puisque, d'après une statistique de Tanquerel des Planches partout reproduite, les coliques de plomb, les douleurs des membres, les paralysies, les accidents cérébraux — tous épisodes aigus — sont entre eux au point de vue de la fréquence dans les rapports de 12. 8,2 et 1.

C'est, suivant la définition de Grisolle, qui l'a si bien étudiée au siècle dernier « une maladie complètement apyrétique, caractérisée par des dou« leurs abdominales vives, exacerbantes, qui se calment le plus ordinaire« ment par la pression, s'accompagnent de nausées, de vomissements ver« dâtres, d'une constipation opiniâtre, souvent de crampes dans les membres « et d'autres sensations douloureuses dans les autres parties du corps ».

La colique de plomb apparaît pour la première fois à une période variable — plus précoce ou plus tardive — après le début de l'exposition au plomb. Elle récidive à toutes périodes de l'intoxication, plus ou moins fréquemment et à intervalles plus ou moins longs, suivant le métier, les habitudes hygiéniques de l'ouvrier.

Elle peut même se montrer chez les individus soustraits tout à fait à l'influence du plomb sous l'influence d'un excès alcoolique. Tanquerel a publié des cas de cette espèce, et tous les observateurs les admettent. Il n'est pas, naturellement, contesté que cette influence que l'alcool exerce après la cessation de l'exposition professionnelle au plomb, il l'exerce *a fortiori*, pendant toute la durée de l'exercice de l'exposition professionnelle : assez fréquemment en effet on retrouve chez les ouvriers pris de coliques la notion étiologique d'un excès de boisson provocateur de l'accident.

La colique de plomb en elle-même n'a pas de gravité; elle ne compromet pas la vie — sauf complication intercurrente, telle qu'un accès d'encéphalopathie — elle ne laisse aucune suite et ne constitue donc qu'une *incapacité de travail temporaire absolue*. La durée de cette incapacité de travail temporaire absolue qui correspond à l'accès de colique et à la convalescence, ne *saurait être précisée absolument*, car elle est très variable et nous ne disposons d'aucun élément pour porter d'avance un jugement ferme sur elle. Non traitée, la colique peut se prolonger pendant des semaines; traitée elle cède d'ordinaire en quelques jours, mais la convalescence en est très souvent longue, et le moindre écart de régime peut y ramener une nouvelle apparition de la colique, qui, d'ailleurs, peut tout aussi bien récidiver sans motif provocateur au cours de la convalescence.

Le diagnostic médical de la colique saturnine est *en général* aisé : la colique de plomb comme aussi la paralysie des avant-bras à un *cachet clinique* tout particulier auquel un médecin ne se trompe guère, surtout quand, en plus des symptômes déjà si éloquents par eux-mêmes, il possède la notion du métier exercé par le malade et constate un liséré saturnin. L'existence bien confirmée de coliques antérieures complète souvent encore un faisceau d'éléments qui rendent l'appréciation aisée.

Myalgies et arthralgies saturnines.

On désigne sous ce nom des douleurs qui siègent dans les muscles et les articulations, surtout aux membres et surtout aux membres inférieurs. On a dit qu'elles étaient pour les membres ce que la colique est pour l'abdomen : elle sont comme elle un épisode aigu. Nous avons donné ci-dessus un aperçu de leur fréquence.

Elles coexistent souvent avec la colique et on peut en faire alors abstraction dans l'appréciation de l'accident, car leur importance s'efface devant celle de la colique.

Elles sont ailleurs isolées et constituent alors à elles seules l'épisode aigü de l'intoxication.

Leur intensité va de la simple gêne à la douleur atroce, paroxystique, constituant une incapacité absolue de travail.

Les myalgies et arthralgies saturnines sont sans gravité pour la vie; elles ne constituent qu'une *infirmité temporaire*, mais sur la durée de laquelle nous avons bien peu de renseignements. Grisolle dit qu'elles peuvent durer quelques jours ou se prolonger pendant des semaines et même des mois entiers, sans que rien naturellement puisse faire prévoir à l'apparition quelle marche elles prendront.

Le diagnostic de ces manifestations, en dehors du cas où elles coexistent avec la colique nous semble devoir être des plus épineux. Elles n'ont pas comme la colique ce cachet si particulier si distinctif qui s'impose de lui-même à l'observateur. Elles ressemblent aux manifestations rhumatismales vulgaires — au rhumatisme musculaire surtout, un ancien auteur les dénommait *rhumatisme métallique* — et je ne vois guère de signe qui permette une différenciation sérieuse absolue. De fortes probalités sont constituées par la notion du métier exercé par le malade, par la présence du liséré, la connaissance d'accidents saturnins antérieurs, mais ce ne sont là que des probabilités, car un saturnin peut être un rhumatisant, et le problème est alors scientifiquement insoluble.

Troubles nerveux moteurs et sensitifs.

Comme toutes les grandes intoxications professionnelles chroniques, comme l'arsenicisme, l'hydrargyrisme, etc., le saturnisme est très riche en troubles nerveux moteurs et sensitifs. Mais il s'en faut de beaucoup que tous soient bien connus et notre étude ne se ressentira que trop de cette insuffisance de notions cliniques et pathogéniques : on ne peut en effet établir des déductions utiles à la pratique que pour des troubles classés et induscutés, comme la colique nous en a offert un type.

Nous classerons les troubles nerveux sous les trois rubriques suivantes :

Paralysies motrices;

Encéphalopathie saturnine;

Hystérie saturnine.

Paralysies motrices.

Les auteurs les divisent en paralysies localisées et en paralysies généralisées.

Au point de vue spécial tout pratique où nous devons nous placer, nous les diviserons en paralysies *communes* ou paralysies classiques, bien connues, à diagnostic simple; et en paralysies *rares*, et qu'il n'est pas toujours aisé de rapporter à l'action du plomb.

Paralysies communes.

Les *paralysies communes* sont les *paralysies de l'avant-bras*, aussi connues du monde ouvrier que du monde médical. La paralysie de l'avant-bras n'est pas en général le premier signe de l'intoxication saturnine. Elle n'apparaît guère que lorsque l'imprégnation saturnine est bien confirmée et elle témoigne de cette imprégnation. Dans l'immense majorité des cas, l'individu qui est atteint de paralysie saturnine des avant-bras, a eu déjà une ou plusieurs coliques, des accès douloureux des membres et des articulations et présente les symptômes de l'anémie saturnine. A cette règle il est pourtant des exceptions : les auteurs les plus recommandables du siècle dernier ont cité des cas de paralysie constituant le premier signe d'intoxication.

Tanquerel des Planches, qui a analysé 102 cas de paralysie saturnine, en a noté :

9 dans le courant du premier mois de l'intoxication,

14 dans les deux premiers mois,

36 dans les deux premières années,

32 après dix ans de travail,

13 après vingt ans,

1 après cinquante-deux ans,

Remak, qui a fait ses recherches en Allemagne, professe que la paralysie saturnine professionnelle apparaît seulement de 8 à 34 ans après le début de l'intoxication et en moyenne après 14 ans de manipulation des substances toxiques.

Il va de soi que le genre de métier influe beaucoup sur la précocité d'apparition des accidents. Celui qui réalise l'imprégnation saturnine la plus rapide est celui qui fait les paralysies les plus précoces : les cérusiers jouissaient autrefois d'un fâcheux privilège à ce sujet.

La paralysie coïncide souvent avec un autre accident aigu et surtout avec la colique.

Au point de vue symptomatique, comme la colique de plomb, la paralysie saturnine des avant-bras a un *cachet* tout particulier qui ne laisse guère place à l'erreur : bilatérale, avec prédominance à droite chez les droitiers, à gauche chez les gauchers, elle détermine une chute de la main sur le poignet, que lemalade est incapable de relever. Ajoutons-y des signes de constatation aisée pour le médecin : indemnité de certains muscles de l'avant-bras, réactions électriques, etc., et nous aurons constitué un tableau tout à fait spécial. Ici donc le diagnostic est aisé, une pareille paralysie n'appartient guère pratiquement qu'à l'intoxication saturnine et avec la constatation du liséré, la notion de la profession exercée par le sujet paralysé, on a toute certitude.

Comme la colique la paralysie saturnine des avant-bras est un phénomène aigu *à répétition :* le sujet guéri de sa paralysie, aura de nouvelles attaques de paralysie s'il continue à s'exposer au plomb. Mais mieux encore, et ceci est d'une extrême importance pour nous, la réapparition de la paralysie peut se faire *après cessation de tout travail saturnin.* Tanquerel des Planches a cité le cas d'un ouvrier qui a eu, à diverses reprises, des rechutes de paralysie saturnine, plusieurs années après qu'il ne travaillait plus le plomb.

Ici comme pour la colique il suffit en effet souvent d'un *écart de régime*, d'un *excès alcoolique* ou autre, pour voir apparaître une attaque de paralysie chez des ouvriers soustraits depuis longtemps à toute influence saturnine. Il va de soi que ce que l'alcool fait ainsi en dehors de tout travail actuel au plomb, et il le fait *a fortiori* pendant l'exposition professionnelle.

La paralysie saturnine des avant-bras constitue une *incapacité de travail* absolue, mais s'agit-il d'une incapacité *temporaire* ou *permanente?* En d'autres termes, est-elle curable, et dans quel délai?

Tous les auteurs s'accordent à dire qu'en règle générale la paralysie saturnine des avant-bras est *curable* et d'autant plus curable qu'elle est bien traitée. Il existe cependant des cas incurables et Mme Dejerine a cité, dans son excellente thèse, un saturnin qui depuis *seize ans* gardait une paralysie des avant-bras : c'est bien là l'*incapacité permanente absolue* au travail, que Grisolle mentionne aussi.

Mais quand la paralysie guérit, en combien de temps guérit-elle?

Aucune formule mathématique ne peut exprimer ce délai, aucune prévision ne peut en être établie d'avance. Les cas ordinaires paraissent guérir en six à huit semaines, mais des délais plus courts (quelques jours) et des délais beaucoup plus longs (des mois) sont également observés.

Grisolle parle aussi de guérisons *incomplètes*, c'est-à-dire laissant un reliquat qui doit naturellement causer un léger degré d'incapacité de travail. On voit donc qu'il s'agit ici de cas d'espèce où l'on ne saurait formuler avec trop de prudence un *pronostic de durée* au premier examen.

Paralysies rares.

La localisation de la paralysie saturnine aux avant-bras est la localisation classique, et de beaucoup la plus fréquente, mais il en est d'autres encore qui portent sur : *a*) les petits muscles de la main, *b*) les muscles du bras et de l'épaule, et *c*) les muscles des jambes.

Lorsque ces manifestations paralytiques accompagnent — *ce qui est la règle* — la paralysie classique des avant-bras, la précédant, se surajoutant à elle ou lui succédant, le diagnostic de leur nature saturnine est aisé.

Il en serait tout autrement, peut-être, si ces paralysies à siège insolite se montraient isolées, c'est-à-dire en dehors de toute manifestation paralytique sur les avant-bras : le fait paraît heureusement exceptionnel.

Cependant il n'est pas indifférent de savoir que chez certains ouvriers — les tailleurs de limes — un auteur allemand, Mobius, a décrit une paralysie des petits muscles de la main qui survient à titre de première manifestation du saturnisme sur l'appareil moteur. Les petits muscles de la main sont paralysés et atrophiés et la main devient incapable de tout service. L'affection paraît assez rebelle, contrairement à ce qu'on voit dans les autres formes rares de paralysies localisées ci-dessus mentionnées, qui guérissent toujours, d'après les quelques documents que nous possédons à ce sujet. Fixer un délai de durée pour ces paralysies est d'ailleurs peu facile.

Dans les *paralysies rares*, il faut, à côté des *paralysies localisées*, faire place aux paralysies *généralisées*.

Ces paralysies généralisées se présentent sous deux formes :

a) Dans la première, la généralisation se fait *lentement* : chez un saturnin invétéré ayant eu des phénomènes divers et indiscutables d'intoxication, et porteur d'une paralysie classique des avant-bras, on voit la paralysie se mettre à envahir lentement et par étape, les muscles de la racine des membres supérieurs, les muscles de la main, les muscles des jambes, et enfin des cuisses.

L'affection ainsi créée n'offre guère de difficulté dans son diagnostic comme accident *saturnin*. Elle constitue évidemment une incapacité de travail absolue, mais seulement *temporaire*, car ces paralysies guérissent. Nous serions seulement assez embarrassé pour fixer leur durée.

b) Ailleurs, la paralysie se généralise en bloc, d'une seule étape, et du jour au lendemain, aux muscles des membres, du tronc, de l'abdomen et du thorax.

La nature de pareille paralysie — heureusement tout à fait exceptionnelle — est singulièrement difficile à interpréter. On ne saurait songer à en faire le résultat d'une intoxication saturnine, — *et encore avec quelles réserves!* — que dans le cas où l'accident survient chez un individu actuellement porteur d'un accident très significatif par lui-même, tel que la paralysie des avant-bras.

Ces paralysies rapidement généralisées, qui constituent une *incapacité absolue de travail*, guérissent en règle, dit-on : il nous serait difficile de donner une idée du temps qu'elles peuvent durer.

Encéphalopathie saturnine.

Les auteurs ont décrit sous ce nom des phénomènes cérébraux *délirants*, *convulsifs* ou *comateux* qui surviennent, dans la grande majorité des cas, chez des ouvriers depuis longtemps, — dix et vingt ans, — en imprégnation plombique. L'apparition peut être plus précoce. Manouvrier parle de cas dans la première année, parfois dès le quatrième mois même, chez les ouvriers en céruse et en minium, c'est-à-dire chez ceux dont l'organisme subit le plus rapidement et le plus fortement l'imprégnation par le plomb.

La *coïncidence avec un autre accident aigu*, une récidive de colique, par exemple, a été notée le plus souvent; la complication cérébrale accompagne alors ou vient terminer l'accès de colique. Mais parfois les accidents cérébraux surviennent *isolément*, et évoluent seuls, sans accompagnement d'aucun autre phénomène saturnin. « C'est ainsi que nous avons vu deux cérusiers, « sortant à peine de prendre leur repas, être comme foudroyés au milieu de « leur travail et présenter l'un, des accès d'épilepsie, l'autre, un état coma- « teux », dit Grisolle.

Les phénomènes se présentent, avons-nous dit, sous trois formes principales : délirante, convulsive, comateuse.

Le *délire* est ou calme ou furieux; il guérit, ou fait place aux convulsions ou au coma.

Les *convulsions*, tout à fait analogues à celles de l'épilepsie (*épilepsie saturnine*), sont l'expression la plus commune de l'encéphalopathie saturnine. Elles peuvent être légères et passagères, ou fort graves. Dans ce cas, elles se succèdent de façon à constituer *un état de mal*, et aboutissent au coma, et par lui, à la mort.

Le *coma* termine donc souvent une des autres formes, mais parfois il occupe toute la scène. Le malade tombe d'emblée en apoplexie, il peut succomber dans cet état. Ailleurs, le coma se dissipe et on assiste quelquefois alors au développement d'une *paralysie occupant une des moitiés du corps et y abolissant le mouvement et le sentiment*, mais d'une façon passagère seulement. Cette forme apoplectique est connue depuis longtemps comme curable.

Telle est la description clinique de l'encéphalopathie saturnine telle que l'ont établie les anciens auteurs, encéphalopathie qui pour eux traduisait une lésion anatomique : *l'imprégnation de la substance nerveuse du cerveau par le plomb.*

Les travaux modernes ont modifié la conception ancienne et ces travaux nous intéressent parce qu'ils nous fournissent un élément d'appréciation sur l'avenir de quelques-uns des phénomènes du groupe de l'ancienne encéphalopathie saturnine.

Depuis les travaux de Charcot et de ses élèves, depuis l'étude de MM. Debove et Achard sur l'*apoplexie hystérique*, on s'accorde à reconnaître que du bloc de l'encéphalopathie saturnine il faut distraire certains faits à physionomie parfaitement caractérisée : ce sont les cas visés ci-dessus où le saturnin tombe subitement dans le coma apoplectique, et, au réveil de cet état apoplectique, se trouve paralysé d'un côté du corps avec perte de ce côté, non seulement du *mouvement*, mais encore de la *sensibilité générale* et de la sensibilité *spéciale*, — celle des *sens*, — se trouve en un mot en état d'*hémiplégie motrice* et *sensitivo-sensorielle*, pour employer des termes médicaux accessibles à tous.

Ce tableau si net ne relève que de l'*hystérie;* il fait partie du groupe de l'*hystérie saturnine* que nous étudierons ci-dessous, et le résultat, c'est que pareil état doit être considéré comme *curable spontanément* ou *artificiellement*. Voilà donc, dans le bloc ancien de l'encéphalopathie saturnine, un premier démembrement fort appréciable en pratique. Il nous donne des cas à diagnostic facile et sur lesquels un *pronostic favorable* peut être porté sans crainte.

Restent les formes caractérisées par le délire, les convulsions et le coma non hystérique, c'est-à-dire les formes *graves* souvent *mortelles* de l'encéphalopathie.

Si nous avions à nous préoccuper du côté théorique, nous montrerions combien il existe de divergences dans l'appréciation de la nature de ces symptômes, les uns les rapportant aux lésions cérébrales plombiques, les autres y voyant surtout l'expression des lésions du rein qui est, comme nous le dirons, fort lésé chez les saturnins (c'est la théorie dite *urémique* ou par *insuffisance rénale*, de l'encéphalopathie saturnine).

Mais, laissant de côté cette question, voyons si on peut établir nettement le diagnostic de la nature *saturnine* de pareils accidents.

Si les accidents dits encéphalopathiques succèdent immédiatement à, ou accompagnent, un épiphénomène aigu notoirement saturnin tel que la colique, on peut *avec toute vraisemblance* déclarer que l'on est bien en présence d'une manifestation saturnine.

Mais si les accidents encéphalopathiques : délire, convulsions épileptiques, coma, surviennent, même chez un saturnin notoire, en dehors de toute autre manifestation saturnine, pourra-t-on affirmer qu'on se trouve en présence d'un accident vraiment saturnin ? Nullement.

Le délire, les convulsions épileptiques, le coma, sont, sous la même apparence, l'expression de bien des affections diverses : épilepsie, syphilis cérébrale, tumeurs diverses du cerveau, hémorragie cérébrale, ramollissement du cerveau, urémie, etc.

On peut certainement, *en clinique*, en présence d'un cas donné, avoir des *présomptions sérieuses* en faveur de tel ou tel diagnostic. Mais il ne s'agit plus, dans les cas que nous devons envisager et qui comportent une sanction pratique d'intérêt capital à la fois pour l'ouvrier ou sa famille et le patron, de formuler de simples hypothèses : il faut donner une *certitude*. C'est là à notre avis une *impossibilité*. On invoquerait en vain la profession du malade, la présence même d'un liséré saturnin. Un saturnin peut être épileptique, il peut être syphilitique, avoir une tumeur cérébrale, une des affections qui causent l'hémorragie cérébrale ou le ramollissement du cerveau, etc. Plaçons-nous même dans l'hypothèse la plus favorable : un saturnin notoire est pris de convulsions et présente en même temps de l'albumine. Tout se réunit pour permettre le diagnostic d'urémie. Mais bien des lésions rénales conduisent à l'urémie et par conséquent, dans ce cas même (le plus favorable de tous) aucun clinicien n'est autorisé à formuler *sans réserve* l'affirmation qu'il se trouve en présence d'une urémie exclusivement d'origine saturnine.

Cette affirmation ne serait possible qu'au médecin ayant depuis longtemps suivi la marche de la lésion rénale chez le sujet, l'ayant vue naître sous l'influence du plomb.

Les contestations relatives à l'origine saturnine des accidents encéphalopathiques, quand ils naîtront en dehors d'une coïncidence pathologique saturnine qui leur imprimera leur cachet réel, seront donc toujours possibles. Elles seront surtout vives si l'accès encéphalopathique est, dans ces circonstances, suivi de mort. L'autopsie serait, en ce cas, la seule solution du conflit.

Hystérie saturnine.

Depuis les travaux de Charcot et de ses élèves, on sait que les saturnins présentent des phénomènes cliniques singuliers de tous points semblables à ceux qu'on rencontre chez les hystériques. Pour Charcot et ses élèves il y a plus qu'analogie; il y a identité: l'intoxication saturnine *développe la névrose hystérique*. Pour d'autres auteurs l'hystérie saturnine devrait former un groupe spécial, — groupe où l'on trouve d'ailleurs toute une classe d'autres *hystéries toxiques :* l'hystérie mercurielle, l'hystérie alcoolique, l'hystérie sulfo-carbonée, etc.

Quoi qu'il en soit de ces discussions théoriques, une chose est certaine : c'est-à-dire les phénomènes observés, sur lesquels il n'y a plus de discussions aujourd'hui.

Ces phénomènes sont surtout :

(*a*) Des phénomènes d'*anesthésie* ordinairement étendue à une *moitié du corps* dans laquelle se trouvent abolis la sensibilité de la peau au toucher, à la douleur, à la température, la sensibilité des muqueuses, le goût, l'odorat; dans laquelle encore la vue est singulièrement modifiée, etc.

Cette anesthésie ne gêne guère le malade qui l'ignore le plus souvent complètement; elle ne saurait constituer une incapacité de travail.

(*b*) Des *paralysies motrices* qui affectent un côté du corps, se superposant à l'hémiplégie sensitivo-sensorielle qui devient aussi *totale* : motrice et sensitivo-sensorielle.

Rien de plus aisé que le diagnostic de cette hémiplégie motrice que caractérise suffisamment son association avec les troubles de la sensibilité. Sa présence chez un saturnin avéré dicte le diagnostic complet: hémiplégie hystérique d'origine saturnine.

Pareil phénomène constitue de toute évidence une *incapacité de travail* absolue, mais toujours *temporaire*, car les phénomènes d'hystérie toxique sont toujours curables.

Tantôt l'hémiplégie motrice s'installe doucement, sans bruit. Tantôt elle est précédée d'une attaque soudaine d'*apoplexie*. Nous avons étudié ce phénomène plus haut.

L'hystérie saturnine compte peut-être encore à son effectif quelques phénomènes de délire, et de convulsions à déduire encore du bloc ancien de l'encéphalopathie, mais il n'y a aucun intérêt à insister ici sur des faits encore mal connus.

Quelques auteurs lui attribuent, en partie au moins, le *tremblement*.

Tremblement saturnin.

Rien de moins connu que ce phénomène qui apparaît chez les vieux saturnins, et qu'il est ordinairement localisé aux membres supérieurs, mais peut se généraliser.

Nous n'avons trouvé aucun document bien net sur ce symptôme dont la nature est trop discutée encore. Quelques auteurs l'assimilent aux tremblements observés dans l'intoxication mercurielle et en font un phénomène vraiment toxique; d'autres y voient un phénomène hystérique; d'autres enfin font remarquer que plus d'un saturnin est un alcoolique avéré et que le tremblement saturnin n'est peut être souvent qu'un vulgaire tremblement alcoolique. Il n'y a véritablement aucune déduction pratique à tirer dans ces conditions.

Accidents chroniques. — La cachexie saturnine.

Les épisodes aigus ou subaigus du saturnisme naissent, nous l'avons vu, pendant le temps de l'exposition professionnelle : il n'y a d'exception que pour quelques cas où l'épisode aigu ou subaigu est rappelé après la cessation du travail par un excès alcoolique, etc.

Ces accidents ont pour la plupart une physionomie spéciale; ils sont à répétition séparés par les intervalles de tranquillité.

Ils peuvent apparaître à toute période de l'intoxication, du début à la fin.

Les accidents chroniques que nous allons étudier traduisent, eux, une imprégnation profonde de l'organisme par le plomb : ils n'apparaissent donc qu'après *une longue exposition professionnelle*, dont la durée variable avec le sujet et le métier ne saurait être fixée exactement. Peu importe alors que l'ouvrier soit soustrait ou non dans la suite au poison : la lésion a été créée, elle évoluera fatalement, que l'ouvrier continue son travail ou non. Les accidents chroniques s'observent donc chez les vieux saturnins encore en activité ou chez les saturnins en retraite professionnelle.

Ces accidents traduisant une lésion organique chronique du sang, du rein, de l'appareil circulatoire, etc. ne sauraient avoir de physionomie spéciale.

On sait en effet que les causes des lésions qui atteignent nos organes sont multiples, mais les lésions auxquelles elles aboutissent sont limitées, et les symptômes qui traduisent les lésions créées n'expriment que la lésion, en dehors de toute condition étiologique. Que le rein soit atrophié par le plomb ou par toute autre cause, la lésion aura le même aspect et les symptômes seront les mêmes. Que les artères soient indurées par le plomb ou par toute autre cause, la lésion sera la même et les symptomes identiques, etc...

Le diagnostic de la nature saturnine des symptômes observés ne pourra donc reposer que sur l'étude du malade, de ses antécédents professionnels pathologiques, sur l'exclusion des autres affections qui pourraient avoir créé la même lésion organique chez lui et, partant, les mêmes symptômes. Ce diagnostic est d'ailleurs assez souvent possible à établir (1).

L'ensemble des accidents chroniques peut recevoir le nom de cachexie saturnine et est constitué par *l'anémie saturnine, la néphrite saturnine, la goutte saturnine, l'artério-sclérose.*

Nous dirons en terminant comment ces symptômes s'associent : nous allons d'abord les étudier un à un.

Anémie saturnine.

L'anémie saturnine résulte de l'atteinte portée au sang par l'intoxication plombique. Elle se montre dès le début de l'exposition au plomb et s'accentue avec la durée de cette exposition ; elle devient chez les vieux saturnins une anémie profonde, rebelle qui ne cède pas à la cessation du travail, et constitue pour le sujet un extrême affaiblissement, une incapacité de travail *permanente et absolue.* Elle se marque par la pâleur de la peau, qui prend même une teinte ictérique, une déperdition profonde des forces, une perte d'appétit et une déglobulisation du sang, etc.

L'anémie saturnine n'a aucun caractère qui la distingue symptomatiquement des autres anémies.

Elle n'est pas cependant par trop difficile à rapporter à son origine dans un assez grand nombre de cas : la notion de la profession du sujet, la connaissance de ses antécédents pathologiques, des accidents saturnins qu'il a subis, de son exposition prolongée au plomb apportent autant de notions précieuses.

Quand l'anémie saturnine s'accompagne de quelque autre symptôme d'intoxication chronique, ce qui est naturellement le plus fréquent, sa caractérisation souffre moins de difficultés.

Néphrite saturnine.

De nombreux travaux ont établi la réalité de la néphrite saturnine, et les conditions de sa production ont pu être reproduites d'une façon très satisfaisante dans des expériences bien connues sur les animaux, dues à Charcot et Gombault.

De toutes les causes d'atrophie scléreuse du rein, l'empoisonnement saturnin

---

(1) Le liséré gingival de Burton, qui est d'un si grand secours pour établir la nature saturnine d'un accident aigu faisant éclosion pendant la durée de l'exposition professionnelle au plomb, ne sera que d'un faible secours ici. Les saturnins chez lesquels évoluent les accidents chroniques sont le plus souvent, en effet, en retraite professionnelle, du fait même de l'incapacité de travail que détermine chez eux leur infirmité.

chronique est certainement l'une des plus puissantes et, d'autre part, cette atrophie est fréquente dans l'intoxication saturnine, puisque sur 42 saturnins, Dickinson en vit mourir 26 de néphrite chronique.

La néphrite saturnine n'a pas de *signes* qui lui soient spéciaux : elle présente ceux de toute atrophie rénale quelle qu'en soit la cause. Or en dehors du saturnisme, la goutte, la scarlatine, peut-être l'alcoolisme, et des facteurs encore ignorés peuvent exercer la même influence sur le rein.

Ces signes d'atrophie rénale sont d'ailleurs très significatifs : urines abondantes, hypertrophie du cœur, albuminurie légère, etc., mort après une longue évolution soit par des phénomènes d'urémie, soit par le cœur (asystolie), soit par un phénomène intercurrent tel qu'hémorragie méningée ou cérébrale, etc.

A l'autopsie, si elle vient à être pratiquée, les lésions du rein sont saisissantes : elles sont d'ailleurs identiques pour toute atrophie rénale, quelle qu'en soit la cause, et n'empruntent rien de spécial à ce fait qu'elles ont été provoquées par le plomb.

Il s'agit donc ici d'un accident chronique, fréquent, de toute gravité, puisqu'il constitue une infirmité totale qui va s'aggravant chaque jour jusqu'à la terminaison, et dont l'évolution en outre peut durer des années, en comptant seulement du jour où elle a été assez évidente pour être remarquée.

Le *diagnostic* de néphrite chronique atrophique n'est pas, en réalité, très difficile : le tableau clinique est assez significatif.

Peut-on aller plus loin et, *la néphrite chronique étant dûment constatée, mettre en cause l'intoxication plombique ?* On le peut sans doute dans un certain nombre de cas, en se basant sur une notion positive d'une part : celle d'accidents saturnins antérieurs, et d'une longue imprégnation professionnelle par le plomb, et sur une notion négative, d'autre part : l'absence d'autres causes *connues* de néphrite chronique atrophique ; et aussi enfin sur l'association possible de la néphrite avec les autres symptômes de l'intoxication chronique.

Cet énoncé suffit à montrer la *délicatesse* du diagnostic *causal* qui n'est pas impossible assurément, mais demande un examen approfondi, et une discussion serrée si l'on veut aboutir en toute conscience à une *affirmation* ou une *négation* qui ont l'une et l'autre tant d'importance pour les parties intéressées : le *malade* et le *responsable.*

Goutte saturnine.

Un auteur anglais, Garrod, annonça en 1854 que sur 51 cas de goutte observés par lui à l'hôpital, 16 reconnaissaient pour origine l'intoxication saturnine.

La goutte saturnine fut vivement contestée : elle ne l'est plus guère aujourd'hui, et à dire vrai les seuls cas de goutte qu'on observe dans la population ouvrière sont des cas de goutte saturnine.

La goutte saturnine, dont il est difficile de fixer exactement la date d'apparition dans l'évolution du saturnisme chronique, évolue comme la goutte vulgaire : elle constitue donc d'abord une série d'épisodes aigus qui entraînent autant de périodes d'*incapacité temporaire et absolue* de travail, et aboutit ensuite et rapidement, semble-t-il, aux déformations articulaires multiples et à l'*incapacité absolue permanente.*

Il nous paraît qu'il n'y a plus guère d'hésitation aujourd'hui chez les auteurs à admettre la nature saturnine de la goutte quand on la voit éclater chez un individu de la classe ouvrière qui est ordinairement si bien à l'abri de la goutte vulgaire, et que cet individu est un saturnin avéré.

La goutte ajoute son influence à celle du plomb sur le rein. Ceci est à mentionner.

Artério-sclérose.

La *dégénérescence des artères,* leur *induration chronique* sont un effet fréquent de l'empoisonnement saturnin ancien. Une fois créée, la dégénérescence artérielle évolue graduellement, chroniquement avec des effets désastreux sur le cœur, les reins, le cerveau, etc., sur l'ensemble de l'économie en un mot qu'elle frappe de *déchéance profonde.* Elle met le sujet en *incapacité de travail absolue et permanente* quand elle atteint un certain degré, et constitue au point de vue de l'existence une grave menace.

La dégénérescence artérielle d'origine saturnine ne présente cliniquement *aucun trait qui la distingue* de celle qu'amènent diverses autres causes : les grandes infections, la goutte, la vieillesse, etc. Elle ne prend de signification réelle que par l'existence d'un empoisonnement saturnin bien caractérisé dans les antécédents du sujet, et la coexistence d'autres symptômes actuels d'empoisonnement chronique. Elle est sur le même rang à cet égard que les autres accidents chroniques. Le diagnostic de sa nature est donc extrêmement *délicat* sans constituer toutefois, de même que celui de l'anémie, de la néphrite ou de la goutte saturnines, une impossibilité absolue pour un médecin attentif et instruit.

Les divers éléments qui constituent la cachexie saturnine, c'est-à-dire les stigmates de l'empoisonnement chronique confirmé, sont quelquefois tous présents chez un même sujet, et tous les médecins ont observé de vieux saturnins profondément anémiques, atteints d'atrophie rénale, de goutte et d'artério-sclérose.

Ailleurs ces stigmates se dissocient : le plus fréquemment absent est la goutte; l'anémie, la néphrite et l'artério-sclérose ne manquent guère et par leur réunion constituent pour le médecin, aidé de la notion étiologique que lui fournissent la profession du malade et ses antécédents pathologiques saturnins, un ensemble de valeur diagnostique important.

Les symptômes de la cachexie saturnine absolument *isolés* seraient assurément d'une interprétation beaucoup plus délicate, — nous l'avons dit à propos de chacun d'eux, — mais, nous le répétons encore, nullement impossible pour un médecin instruit, et ayant à sa disposition tous les renseignements nécessaires pour éclairer son jugement.

De tout ce rapport, et c'est par là que nous terminerons, ressort l'évidente nécessité de l'établissement d'un *casier sanitaire* pour chaque sujet exposé à l'empoisonnement saturnin professionnel : il sera, pour le médecin appelé à se prononcer dans les cas délicats et difficiles de la cachexie, le guide indispensable.

LES INTOXICATIONS PROFESSIONNELLES

PAR

LE MERCURE ET SES COMPOSÉS.

RAPPORT PAR M. LE Dr **Albert JOSIAS**,

MEMBRE DE L'ACADÉMIE DE MÉDECINE.

Les ouvriers qui travaillent le mercure sont exposés à trois ordres de manifestations morbides : la stomatite, le tremblement et des troubles de la nutrition susceptibles d'aboutir à la cachexie profonde.

La *stomatite* peut être aigüe, analogue de tous points à la stomatite profonde par l'administration du mercure dans un but thérapeutique ; elle frappe de préférence les nouveaux venus qui se livrent d'emblée et sans précaution aux travaux les plus dangereux.

La stomatite chronique est plus fréquente ; tantôt elle succède à une poussée aiguë, tantôt elle se développe primitivement. Dans le premier cas, les gencives restent tuméfiées, l'ulcération linéaire de la sertissure des dents persiste et il survient une périostite alvéolo-dentaire, accompagnée de vives douleurs, qui ne se termine qu'après l'expulsion de toutes les dents.

Dans la forme chronique d'emblée, l'inflammation est nulle ou modérée, et n'empêche pas l'ouvrier de continuer son travail ; le ptyalisme peut faire défaut, les gencives se tuméfient ; et, autour de l'insertion des dents, il se forme parfois, mais non toujours, des ulcérations. La guérison survient après la chute des dents ou seulement des molaires.

Chez certains malades, les accidents buccaux se bornent à une coloration noirâtre des dents qui portent des stries allongées et des dépressions cupuliformes (dents mercurielles observées surtout chez les ouvriers secréteurs de poils). Il n'est pas rare de voir la stomatite s'accompagner d'un gonflement des glandes salivaires et en particulier des parotides (oreillons mercuriels).

Le *tremblement* a une intensité très variable. Dans sa forme légère, il commence par une trémulation de la langue et des lèvres, qui gagne ensuite les membres supérieurs ; les membres inférieurs sont indemnes ou légèrement atteints. Les membres supérieurs présentent des oscillations régulières, rapides et peu étendues, qui s'atténuent pendant le repos et s'exagèrent pendant les fatigues et les émotions. Cet état n'empêche pas l'ouvrier de continuer son métier.

Chez d'autres malades, le tremblement est plus violent; il rend impossible tout travail délicat et peut même gêner la marche.

Enfin, dans certains cas plus graves encore, le tremblement ne laisse aucun repos au malade qui ne peut se servir de ses mains pour travailler ni même pour manger.

Souvent alors des contractures douloureuses s'emparent de certains groupes musculaires, constituant un accident redoutable, connu dans les mines d'Almaden, sous le nom de Calambres.

La force musculaire des ouvriers atteints de tremblement est généralement conservée. On a signalé cependant de véritables paralysies musculaires incomplètes et passagères, frappant de préférence les muscles extenseurs du membre supérieur.

Le tremblement mercuriel présente quelquefois les caractères du tremblement hystérique; il disparaît par les moyens suggestifs, par l'aimant, la bande de caoutchouc. Ceci n'a pas lieu d'étonner, car l'hydrargyrisme, comme quelques autres intoxications, peut engendrer ou mettre en évidence une hystérie jusque là latente. C'est d'ailleurs la coexistence de l'hystérie qui explique les faits curieux de contagion du tremblement, observés dans certains ateliers où l'on manie le mercure.

Troubles nutritifs. — Cachexie mercurielle. — Il est habituel de voir apparaître des troubles digestifs avant même que la stomatite et le tremblement se soient déclarés. L'ouvrier perd l'appétit, il a de la constipation ou parfois une diarrhée persistante; il maigrit, s'anémie et prend un facies particulier. C'est le premier stade de la cachexie mercurielle, qui peut persister pendant longtemps, sans s'aggraver.

Mais, quelquefois, les accidents ne font que s'accentuer. L'anémie fait des progrès, les forces diminuent, les facultés intellectuelles s'émoussent. « On garde les malades au coin du feu, assujettis sur une chaise comme des enfants en bas âge; beaucoup d'entre eux ne peuvent ni s'habiller, ni manger seuls; leur visage devient stupide en même temps qu'ils n'articulent plus que des sons vagues et confus » (Tardieu). — La nécrose des maxillaires, la néphrite avec ou sans œdèmes, les éruptions cutanées apparaissent et les malades ne tardent pas à succomber, soit aux progrès de l'affaiblissement, soit à des complications et, en particulier, à la phtisie pulmonaire.

Tel est, brièvement résumé, le tableau classique de l'intoxication professionnelle par le mercure. Mais ce tableau a été surtout dressé avec des observations recueillies chez les mineurs d'Almaden (Espagne) et d'Idria (Illyrie) où les ouvriers sont constamment exposés aux vapeurs mercurielles et sulfureuses. En France on n'observe guère de cachexie mercurielle, surtout depuis les progrès de l'hygiène moderne.

Malgré les mesures prophylactiques, on peut encore observer chez nos ouvriers des troubles digestifs légers, de l'anémie, du tremblement et les manifestations diverses de l'hystérie mercurielle,

II. — C'est précisément le peu d'intensité des symptômes de l'hydrargyrisme qui peut donner lieu à des erreurs de diagnostic, surtout au début de l'intoxication. L'inappétence, les troubles gastriques et intestinaux, l'anémie sont méconnus ou attribués à des causes banales. Ce sont cependant là de précieux symptômes d'avertissement que le médecin doit chercher de propos délibéré chez tous les ouvriers qui travaillent le mercure.

Généralement l'attention n'est éveillée que lorsque, aux troubles de la santé générale, viennent se joindre la stomatite et le tremblement mercuriels. Pris isolément, aucun de ces symptômes n'est pathognomonique. Chacun d'eux peut être confondu avec des accidents analogues relevant de causes multiples. La stomatite mercurielle peut être simulée par d'autres stomatites. Le tremblement offre certaines ressemblances avec celui de l'alcoolisme et surtout avec le tremblement de la sclérose en plaques.

La notion étiologique lève en général tous les doutes, mais il y a lieu de tenir compte de deux causes d'erreur. Les ouvriers travaillant le mercure sont quelquefois soumis simultanément à d'autres causes d'intoxication: (arsenic, plomb, alcool). On observe en particulier ces empoisonnements mixtes chez les chapeliers qui manient en même temps les sels de mercure et l'arsenic.

D'autre part, les accidents mercuriels et surtout le tremblement peuvent persister longtemps après la cessation du travail , de sorte qu'il peut être difficile de rattacher les accidents à leur vraie cause. La difficulté est encore plus grande dans ces faits curieux où les premières manifestations hydrargyriques se déclarent chez l'ouvrier plus ou moins longtemps après qu'il a quitté sa profession. Dans tous les cas de diagnostic difficile, la recherche du mercure dans les urines s'impose. Cette recherche se fait de préférence d'après le procédé d'Almen (1).

On n'oubliera pas que l'élimination du métal peut se faire très lentement avec des intermittences parfois très longues, de sorte qu'on trouve du mercure dans les urines des sujets soustraits depuis longtemps aux causes d'intoxication. Le poison absorbé s'emmagasine, en effet, dans l'organisme, surtout dans le sang, le foie, les muscles, les os, le cœur où sa présence a été constatée par l'analyse chimique.

Dans les intoxications mixtes, l'examen des urines n'est souvent d'aucun secours; car, à côté du mercure, on peut trouver les autres poisons dans l'urine. C'est l'analyse clinique détaillée qui permettra de décider jusqu'à quel point les symptômes observés sont attribuables à l'hydrargyrisme.

III. — On ne meurt pas d'hydrargyrisme professionnel, tout au moins en France. Il n'en est pas moins vrai que cette intoxication, comme toutes les autres, peut abréger la durée de la vie et faciliter l'éclosion de la tuberculose.

En réveillant l'hystérie, le mercurialisme diminue souvent la capacité de travail de l'ouvrier. Mais cet inconvénient est causé bien plus fréquemment par le tremblement qui, suivant son intensité, rend impossibles les travaux délicats ou empêche l'ouvrier de continuer sa profession.

---

(1) Voir V. Jaksch, vol. sur les «Intoxications du Traité de Nothnagel», p. 230.

Les paralysies sont généralement incomplètes et rapidement curables. Quant aux troubles dyspeptiques et intestinaux, ils se bornent parfois à de simples indispositions n'entraînant ni chômage, ni diminution de la capacité de travail.

En résumé, l'hydrargyrisme en France n'occasionne pour ainsi dire jamais une incapacité de travail permanente et totale. Tous les accidents sont susceptibles de disparaître, si l'on applique un traitement approprié et surtout si l'ouvrier renonce définitivement à sa profession. Les cas d'intoxication sérieuse sont d'ailleurs peu fréquents, si l'on juge d'après le petit nombre de malades soignés depuis onze ans dans les hôpitaux de Paris. Voici cette statistique qui nous a été fort obligeamment communiquée par M. le Directeur général de l'assistance publique.

Statistique des malades atteints d'intoxication mercurielle entrés dans les hôpitaux de Paris, de 1891 à 1901.

ANNÉES.	MALADES.		ÉTABLISSEMENTS.							PROFESSIONS DES MALADES.											SORTIES.		DÉCÈS.	
	Hommes.	Femmes.	Tenon.	Hôtel-Dieu.	Saint-Antoine.	Broussais.	Necker.	Cochin.	Laënnec.	Journaliers.	Doreurs-miroitiers.	Coupeurs de poils.	Chapeliers.	Pelletiers.	Fourreurs.	Lapidaires.	Étameurs.	Garçons distillateurs.	Papetiers.	Brossiers.	H.	F.	H.	F.
1891...	9	4	13	″	″	″	″	″	″	5	3	3	1	1	″	″	″	″	″	″	9	3	″	suicide. 1
1892...	5	1	5	″	″	″	″	1	″	2	2	″	″	″	2	″	″	″	″	″	5	1	″	″
1893...	8	″	8	″	″	″	″	″	″	4	2	″	1	1	″	″	″	″	″	″	8	″	″	″
1894...	5	1	5	″	″	1	″	″	″	3	1	″	″	″	″	″	″	″	2	″	5	1	″	″
1895...	2	″	2	″	″	″	″	″	″	1	″	″	″	1	″	″	″	″	″	″	2	″	″	″
1896...	3	″	3	″	″	″	″	″	″	1	″	1	″	″	″	″	″	″	″	1	3	″	″	″
1897...	9	″	7	″	2	″	″	″	″	1	5	1	1	″	1	″	″	″	″	″	9	″	″	″
1898...	3	1	4	″	″	″	″	″	″	2	″	1	1	″	″	″	″	″	″	″	3	1	″	″
1899...	6	1	4	″	1	1	″	″	1	4	″	2	1	″	″	″	″	″	″	″	6	1	″	″
1900...	8	2	8	″	1	″	1	″	″	″	2	″	4	2	″	1	1	″	″	″	8	1	″	1
1901...	3	1	2	1	″	1	″	″	″	1	″	2	″	″	″	″	″	1	″	″	3	1	″	″
Totaux.	61	11	61	1	4	3	1	1	1	24	15	10	9	5	3	1	1	1	2	1	61	9	″	2
	72		72							72											72			

L'examen de cette statistique montre qu'en onze ans, de 1891 à 1901, on a soigné pour hydrargyrisme chronique dans les hôpitaux de Paris 72 ouvriers dont 61 hommes et 11 femmes. Sur ces 72 malades, 61 sont entrés à l'hôpital Tenon. Ce chiffre est intéressant à rapprocher de celui relevé par M. Letulle, de 1879 à 1889. Pendant cette période de 10 ans le même hôpital a reçu 70 hydrargyriques, parmi lesquels il n'y a eu aucun cas de mort. Les deux décès notés dans notre statistique sont dus, l'un à une cause inconnue et l'autre à un suicide.

IV. — Le tremblement mercuriel est l'accident entraînant une incapacité de travail temporaire dont le diagnostic étiologique peut être habituellement fait d'une manière immédiate.

La stomatite et le tremblement sont les deux accidents qui méritent surtout d'être retenus en vue d'une déclaration légale.

V. — Le registre sanitaire nous paraît être une mesure recommandable dans les industries où l'on manie le mercure. Dans l'intérêt de l'ouvrier, comme dans celui du patron, ce registre devrait faire mention des prescriptions prophylactiques de l'hydrargyrisme : disposition spéciale des hottes mettant les ouvriers à l'abri des vapeurs mercurielles, ventilation large et active des usines, courte durée du travail journalier, changement fréquent de vêtements, défense expresse aux ouvriers de manger ou de boire dans les ateliers, bains répétés, soins de propreté rigoureux de la bouche, etc.

On devrait également mentionner que les premières victimes dans les milieux mercuriels sont les sujets faibles et chétifs, les alcooliques, les femmes enceintes et les nourrices, enfin tous les individus nerveux ou prédisposés héréditairement aux névroses.

Des médecins inspecteurs pourraient être chargés de visiter régulièrement les ouvriers et de déclarer les symptômes d'avertissement de l'intoxication chronique.

En préconisant toutes ces mesures, il est permis d'espérer que les rares accidents sérieux d'hydrargyrisme professionnel, observés encore en France, cesseront définitivement.

VI. — Les industries dans lesquelles on a employé le mercure et ses composés ont été assez nombreuses. Nous rappellerons, en effet, que ce métal ou ses composés ont été utilisés dans les industries suivantes :

La dorure et l'argenture sur métaux ;

La bijouterie ;

Le bronzage et le damasquinage ;

L'étamage des glaces ;

Les couperies de poils de lapin et la chapellerie ;

La construction des thermomètres ;

La fabrication des lampes à incandescence.

Les chimistes, les photographes et les employés de tir ont été également exposés à subir les effets toxiques du mercure.

Aujourd'hui les industries où l'on manipule le mercure et ses composés sont relativement peu fréquentes.

L'étamage des glaces a presque complètement disparu; il a été remplacé par l'argenture, procédé plus rapide, plus économique.

La dorure et l'argenture au mercure se font exceptionnellement; elles ont été remplacées par les procédés du trempé et de l'électrolyse.

Le bronzage et le damasquinage ne paraissent avoir produit que de rares accidents.

La fabrication de lampes à incandescence semble exempte de tout danger depuis l'emploi des pompes Sprengel ou des pompes à vide sans mercure.

Si les ouvriers qui fabriquent les thermomètres, si les employés des tirs forains restent exposés à des accidents possibles d'intoxication mercurielle, nous devons toutefois reconnaître qu'une seule catégorie d'ouvriers mérite d'attirer notre attention.

Ces ouvriers sont précisement ceux qui travaillent dans les usines où se pratique le secrétage des poils. Ces usines sont assez nombreuses, surtout à Paris, ainsi que le démontrent les nombreux rapports faits par MM. les Inspecteurs divisionnaires du travail.

Le secrétage est une opération qui consiste à soumettre les poils de lapin ou de lièvre à l'action d'une solution de nitrate acide de mercure, à l'effet de modifier la texture des poils et de leur donner une propriété feutrante. Les diverses phases que comporte le secrétage ne sont pas également nuisibles. Le triage, le nettoyage, le lavage (pour les peaux de lièvre), le fendage, l'éjarrage, le dégalage (pour les peaux de lapin) exposent les ouvriers à l'action de poussières organiques plus ou moins dangereuses.

Le secrétage, proprement dit, comporte le brossage des poils à l'aide d'une brosse trempée dans une solution de nitrate acide de mercure et le passage à l'étuve des peaux ainsi préparées.

On emploie deux solutions suivant que l'on veut donner aux poils une teinte plus ou moins foncée et obtenir soit le secret pâle, soit le secret jaune. Le secret pâle contient 32 grammes de mercure pour 100 grammes d'acide nitrique; le secret jaune, 25 grammes de mercure pour 125 grammes d'acide. Ces solutions ont une densité de 9° à 10° Baumé. Dans les ateliers de secrétage on fabrique souvent le nitrate acide de mercure; les vapeurs hypoazotiques produites dans cette opération et mal condensées ont causé parfois des accidents imputés à tort au mercure.

La manipulation du brossage détermine une irritation de la peau des mains. Le passage des peaux à l'étuve est effectué par les mêmes ouvriers. Sous l'influence de la chaleur, le nitrate acide de mercure se décompose, donnant des vapeurs d'acide hypoazotique et de mercure; les ouvriers pénètrent fréquemment dans les étuves non refroidies; ils subissent ainsi l'influence nocive des vapeurs mercurielles et des poussières produites pendant le décrochage et l'empilage des peaux.

On a vainement tenté de substituer au nitrate acide de mercure des substances non toxiques. Les enquêtes faites par MM. les Inspecteurs divisionnaires du Ministère du Commerce établissent que le secrétage se pratique partout avec la solution de nitrate acide de mercure.

Après le secrétage, les peaux sont tondues et les poils triés selon leur densité dans une longue caisse munie d'une soufflerie.

Les poils sont enfin soumis au feutrage et livrés aux chapeliers.

Toutes ces opérations n'éliminent pas complètement le mercure qui paraît former une sorte de laque avec les poils; on conçoit que les chapeliers, qui absorbent les poussières provenant des feutres, puissent présenter, après un temps plus ou moins long, des accidents d'intoxication mercurielle.

De l'ensemble de ces considérations d'ordre technique, il paraît bien établi que les ouvriers les plus exposés à subir l'intoxication mercurielle sont ceux qui manient la nitrate acide de mercure.

Les empoisonnements chroniques par le mercure métallique, par le sublimé, par le biodure, le bichromate, le fulminate et les sulfures de mercure tendent à devenir de plus en plus exceptionnels.

LES INTOXICATIONS PROFESSIONNELLES PAR L'ARSENIC.

RAPPORT PAR M. LE Dr **BOURGES**,

CHEF DU LABORATOIRE D'HYGIÈNE À LA FACULTÉ DE MÉDECINE DE L'UNIVERSITÉ DE PARIS.

Si l'arsenic métallique ne semble pas capable de provoquer d'intoxication, on peut dire que tous les composés arsenicaux sont des poisons dont le maniement constitue un véritable danger dans l'industrie, bien que l'arsenicisme ne soit pas un des plus fréquents parmi les empoisonnements professionnels. Les accidents déterminés par cette intoxication sont souvent sérieux; quelques-uns peuvent entraîner la mort.

Contrairement à ce qui se passe pour les empoisonnements accidentels ou criminels, c'est exceptionnellement que dans l'industrie le poison pénètre l'organisme par les voies digestives. Ce ne peut être alors qu'à la faveur de la négligence d'ouvriers ne prenant aucun soin de propreté, mangeant dans l'atelier même ou y laissant leurs aliments exposés à la contamination par des poussières arsenicales. Parfois il s'agit encore d'un autre mode d'intoxication alimentaire, les ouvriers consommant l'eau de puits souillée par les eaux résiduaires de l'usine.

Dans l'arsenicisme professionnel, le poison est absorbé le plus souvent par inhalation. C'est là le mode de pénétration constant de l'hydrogène arsénié; c'est aussi le plus fréquent pour les poussières arsenicales. Les composés arsenicaux peuvent encore, mais beaucoup plus rarement, s'introduire dans l'économie par la voie cutanée, soit que le contact du poison avec les téguments reste permanent du fait de la malpropreté des ouvriers, soit qu'il existe des lésions antérieures de la peau, ouvrant une porte d'entrée au toxique.

Enfin l'arsenic ne détermine pas des accidents professionnels comme poison seulement, mais aussi comme escarotique exerçant directement son action irritative et caustique sur les téguments et les muqueuses.

Différents facteurs favorisent plus ou moins l'apparition des accidents de l'arsenicisme professionnel : d'abord la nature même de la profession, les ouvriers étant d'autant plus exposés qu'ils manient plus directement les préparations arsenicales et que leurs fonctions les soumettent davantage aux inhalations toxiques ou au contact immédiat du poison.

Le mode de pénétration du poison a également son importance. G. Brouardel (1) a montré que les préparations arsenicales ont un minimum de toxicité lorsqu'elles pénètrent par le tube digestif.

Il faut compter ensuite avec l'état de santé antérieur du sujet, avec les prédispositions individuelles; celles-ci jouent un rôle qui n'est pas négligeable dans l'apparition des accidents nerveux et surtout des lésions cutanées.

Les habitudes hygiéniques ont aussi leur valeur; la malpropreté favorisant les intoxications gastro-intestinales ou cutanées ainsi que les accidents locaux du côté des téguments. D'autre part, l'alcoolisme dont l'action nocive sur les nerfs périphériques est bien connue, prépare certainement le terrain aux phénomènes paralytiques de l'arsenicisme.

I

Pour donner avec méthode un *aperçu symptomatique des principaux accidents dus à l'intoxication industrielle par l'arsenic*, il faut décrire une forme suraiguë et une forme chronique. Nous dirons ensuite quelques mots des lésions locales que provoque le contact direct des composés arsenicaux.

La *forme suraiguë* de l'arsenicisme professionnel ne s'observe pas très fréquemment, mais elle entraine en général des conséquences très graves et détermine la mort dans plus du tiers des cas. Ce mode d'intoxication est à peu près exclusivement dû à l'hydrogène arsénié, dont la formation est presque toujours la conséquence de l'emploi de matériaux impurs au cours d'opérations industrielles. En pareil cas, l'existence du gaz toxique ne peut être soupçonnée que par les accidents qu'il provoque, la présence de composés arsenicaux dans les substances employées n'étant qu'accidentelle.

Tel est le cas dans les industries où on utilise du zinc ou de l'acide sulfurique impurs, contenant de l'arsenic, et celles où on pratique le grillage de minerais d'arséniures de cobalt; il en est de même lorsque l'on pratique le nettoyage des hauts fourneaux, dans lesquels la houille riche en pyrite de fer et la suie qu'elle dépose renferment de l'arsenic, ou lorsqu'un creuset ou qu'une chaudière éclatent et que leur contenu se volatilise brusquement sur des charbons ardents, dont l'arsenic se volatilise sous forme d'hydrogène arsénié.

Les phénomènes de l'arsenicisme suraigu surviennent rapidement; ils commencent à se manifester quelques heures seulement après l'inhalation du gaz toxique et forment un ensemble symptomatique assez constant dans ses manifestations, bien qu'il ne soit pas réellement spécifique.

Layet, dans l'*Encyclopédie d'hygiène*, rappelle que ces accidents sont surtout marqués par une violente céphalalgie, un anéantissement profond, une respiration dyspnéique, une soif ardente, une extrême petitesse du pouls des douleurs épigastriques, des vomissements fréquents. Les urines d'abord simplement rares, deviennent ensuite sanguinolentes; il survient de l'ictère,

(1) *G. Brouardel.* Étude sur l'arsenicisme. Th. de Paris, 1897.

parfois une éruption exanthématique ou pétéchiale, de la diarrhée et même des selles mélœniques. La coloration sanguinolente des urines n'est pas due à une hématurie véritable, mais à de l'hémoglobinurie. Ces accidents très graves ont trop souvent la mort comme terminaison.

Dans la *forme chronique* les symptômes peuvent porter sur différents appareils que nous allons passer en revue. Disons auparavant que tous peuvent s'accompagner d'une céphalalgie très intense, extrêmement tenace et que ces maux de tête persistants sont parfois l'unique manifestation de l'arsenicisme professionnel.

Lolliot a noté des vomissements et de la diarrhée chez des ouvriers maniant l'arsenic. En général les accidents ne dépassent pas les limites d'un simple embarras gastrique sans gravité et n'attirent l'attention que par leur persistance ou leur coexistence avec des troubles portant sur d'autres appareils.

On a signalé du coryza, des épistaxis, de l'aphonie, du catarrhe laryngé et bronchique simulant la grippe, une dypsnée qui rappelle l'asthme. Ces accidents sont passagers et bénins.

Les troubles cutanés dus à une intoxication arsenicale professionnelle ne s'observent pas fréquemment. Leur polymorphisme exclut tout caractère de spécificité ; ils peuvent affecter les formes erythémateuses, papuleuses, purpuriques, vésiculeuses, bulleuses, pustuleuses et ulcéreuses, sans qu'aucune de ces manifestations prenne un aspect propre à l'arsenicisme. Ces éruptions généralement précoces ne sont pas les seules, à une période plus tardive peuvent apparaître la mélanose débutant par le cou et les épaules et s'étendant plus ou moins au tronc et aux membres, enfin la kératodermie palmaire et plantaire. Des altérations du système pileux et des ongles accompagnent quelquefois ces lésions cutanées, qui généralement comportent un pronostic bénin et s'effacent assez vite, dès que l'intoxication cesse.

Les accidents sensitivo-moteurs d'origine professionnelle, qui constituent la paralysie arsenicale, sont exceptionnels. G. Brouardel qui n'a pu en réunir que 3 cas, fait valoir que les ouvriers cessent généralement de manipuler l'arsenic dès les premiers symptômes d'intoxication. Or ces troubles sensitivo-moteurs sont les plus tardifs et appartiennent à la période avancée de l'intoxication.

La paralysie arsenicale revêt tous les caractères des paralysies par névrite périphérique : ses symptômes sont pour ainsi dire identiques à ceux de la paralysie alcoolique. Elle débute par des douleurs dans les membres, parfois par des troubles de la sensibilité générale. Plus tard survient de la parésie des muscles des pieds d'abord, puis de certains muscles des jambes (extenseur commun des orteils, jambier antérieur, extenseur propre du gros orteil, long et court péroniers latéraux, fléchissement des orteils), quelquefois de la partie inférieure du vaste interne et du vaste externe des cuisses. Dans la moitié des cas à peu près, les membres supérieurs sont pris ensuite. Ici encore la paralysie débute par les extrémités.

Les troubles moteurs sont toujours régulièrement symétriques.

Au bout de quelques semaines, quelques mois, quelquefois au bout d'un an seulement, les progrès de la maladie s'arrêtent et après un temps plus ou moins long les phénomènes paralytiques s'amendent. Mais cette régression peut être très lente, parfois au bout de 2 et même 3 ans l'amélioration est à peine sensible. Dans un cas de Stocker la motilité n'était revenue qu'après 5 ans. Souvent la guérison est incomplète, il persiste de l'atrophie ou bien des contractures et des rétractions définitives.

Ces paralysies ne paraissent guère pouvoir menacer la vie ; le seul cas de mort, rapporté à une paralysie arsenicale, a été signalé par le Dr Marquez comme suite d'un des empoisonnements d'Hyères; il relève peut-être d'une autre cause. Mais elles constituent une véritable infirmité dont l'évolution est très lente et qui peut devenir définitive.

Lorsque l'intoxication arsenicale se prolonge très longtemps, la santé s'altère définitivement soit sous l'influence d'une néphrite chronique banale, très rare il est vrai, soit à la suite d'une déchéance organique complète qui succède aux différents accidents provoqués par le poison et finit par entraîner la mort dans un état cachectique avancé.

Cette albuminurie et cette cachexie arsenicales sont tout à fait exceptionnelles comme conséquences de l'intoxication professionnelle, les ouvriers ne persistant généralement pas après quelques avertissements morbides à s'exposer assez longtemps à l'intoxication pour atteindre cette période terminale de l'arsenicisme.

Nous dirons encore quelques mots des *accidents locaux* que provoquent les préparations arsenicales par leur contact en dehors de toute intoxication. Ces troubles, généralement légers, paraissent relativement plus fréquents que ceux causés par l'intoxication arsenicale. Pietro Santo visitant un atelier d'ouvriers travaillant à la fabrication de papiers peints aux couleurs arsenicales trouva que six d'entre eux sur quinze présentaient des éruptions cutanées directement provoquées par l'arsenic. Ce poison peut exercer son action irritante sur la peau et plus rarement sur les muqueuses. Le siège des lésions cutanées se trouve d'abord aux points où le caustique est déposé par les manipulations professionnelles, ensuite en différentes régions (face, organes génitaux externes, face interne des cuisses) où il est transporté par les mains.

La peau réagit soit par un simple œdème, soit par toutes les modalités éruptives que nous avons déjà passées en revue à propos des troubles cutanés produits par l'arsenicisme chronique. Assez souvent les lésions aboutissent à des ulcérations, qui peuvent s'infecter secondairement et dont la durée se trouve ainsi prolongée. Le *rossignol*, le *choléra des doigts* qu'on rencontre chez les tanneurs et les mégissiers ne sont autre chose que des ulcérations digitales de cette espèce, qui sont produites par le contact avec la peau du trisulfure d'arsenic ou orpiment.

Lorsque l'action de l'arsenic porte sur les muqueuses elle peut produire de la conjonctivite ou de la stomatite; ces accidents sont légers et exceptionnels. On observe moins rarement une rhinite qui devient parfois perforante et détermine alors des destructions étendues des cartilages et des cornets du nez.

Tous ces accidents dus à l'action locale de l'arsenic guérissent en général rapidement lorsque les téguments ne sont plus exposés à l'action irritante qui les a produits. Mais ils ont pour caractère commun de récidiver souvent lorsque le contact avec les préparations arsenicales se renouvelle. Enfin ils servent de porte d'entrée à l'intoxication générale.

Le court exposé que nous venons de faire des symptômes, de l'évolution et des modes de terminaison des accidents que détermine l'emploi de l'arsenic dans l'industrie, suffira à nous donner les éléments nécessaires pour répondre aux questions qui motivent ce rapport.

II

Voyons d'abord *avec quelle certitude chacun de ces accidents peut être rapporté par le diagnostic à l'action de l'arsenic et si cet accident peut provenir ordinairement ou exceptionnellement avec les mêmes symptômes d'autres causes.*

Nous croyons avoir suffisamment indiqué dans le paragraphe précédent qu'aucun de ces accidents ne présente de caractère bien spécial permettant de le rapporter sûrement et *a priori* à l'action de l'arsenic.

Ici pas d'accident spécifique comme la colique de plomb, la paralysie saturnine ou la stomatite mercurielle; pas de symptôme révélateur comme le liséré gingival des saturnins.

Dans les cas d'intoxication arsenicale, les urines, de même que les matières vomies ou les selles diarrhéiques, contiennent souvent le poison et on pourrait en déceler la présence à l'aide d'une analyse chimique. Mais d'abord le phénomène n'est pas constant, surtout lorsque l'absorption du poison a déjà cessé depuis un certain temps. Dans sa thèse, G. Brouardel donne 3 observations personnelles d'arsenicisme. Dans 2 de ces cas, se rapportant à des sujets qui présentaient des éruptions arsenicales, il fut impossible de retrouver le poison dans les urines. En outre, on pourrait trouver de l'arsenic dans les urines des sujets ayant été exposés à des inhalations arsenicales, mais ne présentant aucun signe d'intoxication, ou dans celles des personnes récemment soumises à une médication arsenicale.

Nous avons vu que l'*intoxication arsenicale suraiguë* revêt un appareil symptomatique assez spécial, sans être spécifique. De plus, les accidents succèdent très rapidement à l'absorption du poison, de sorte qu'il paraîtrait assez aisé de faire entre eux un rapprochement de cause à effet.

Malheureusement, dans la plupart des cas, l'intoxication est due à l'impureté des matériaux employés au cours des manipulations d'une industrie qui habituellement ne fait aucun usage d'arsenic, et par suite l'intervention d'un poison peut n'être même pas soupçonnée.

C'est ainsi que des phénomènes d'intoxication arsenicale suraiguë ont été pris pour une maladie infectieuse, pour un ictère grave par exemple (cas de Karajan cité par Tardieu).

Cependant lorsque l'on constate chez un ouvrier un ensemble symptomatique analogue à celui que nous avons signalé en décrivant la forme suraiguë de l'arsenicisme, succédant immédiatement aux manipulations de substances qui comme le zinc ou l'acide sulfurique peuvent notoirement contenir de l'arsenic, ou encore au nettoyage de hauts-fourneaux ou à l'explosion d'un creuset ou d'une chaudière; si, d'autre part, on peut déterminer la présence d'arsenic dans les matériaux suspectés, ainsi que dans les urines du malade, on sera en droit de rapporter les accidents observés à une intoxication arsenicale dont on aura ainsi déterminé le mécanisme. D'ailleurs dans nombre de cas une issue fatale permettra une vérification plus absolue par la recherche du toxique dans les organes.

Dans l'*intoxication chronique* il est encore bien plus difficile de rattacher par le diagnostic les accidents à leur cause.

Les troubles digestifs ou respiratoires se confondent avec ceux qu'on constate dans une foule d'affections banales (embarras gastrique, coryza, laryngite, rhume, grippe).

La variété et le polymorphisme des éruptions cutanées leur enlèvent tout caractère spécifique. Les éléments éruptifs sont les mêmes que ceux qu'on constate dans une foule de dermopathies d'origines les plus diverses.

Dans les paralysies elles-mêmes les symptômes se confondent avec ceux que produisent les névrites périphériques, quelle que soit leur cause. On sait qu'en 1900 une véritable épidémie de paralysies se montra en Angleterre, à Manchester et Salford, chez des buveurs de bière. Pendant des mois, les médecins de la contrée attribuèrent ces troubles moteurs à l'alcoolisme; on ne pensa à la paralysie arsenicale que lorsqu'on sut que dans ces bières le malt était remplacé par du glucose obtenu au moyen d'acide sulfurique impur. Ce dernier contenait en effet de l'arsenic. On voit par cet exemple combien il est difficile d'établir avec certitude l'origine arsenicale d'une paralysie.

La cause de la néphrite chronique et de la cachexie arsenicales ne peut être soupçonnée que par les antécédents du malade; ces affections ne présentent par elles-mêmes aucun caractère qui soit spécial à l'intoxication.

Quant aux *accidents produits par l'action directe de l'arsenic sur les téguments*, ils constituent encore des lésions absolument banales dans leurs formes éruptives. De plus dans leurs manifestations ulcéreuses, les caractères physiques, le siège fréquent aux organes génitaux et à la face prêtent aisément à confusion avec des lésions syphilitiques, comme l'avait fait observer Follin. Cependant le caractère récidivant de ces affections locales, leur disparition par le seul fait que le contact avec les préparations arsenicales est interrompu, leur retour lorsque l'ouvrier reprend ses manipulations professionnelles pourrait permettre dans quelques cas, éclairés par une connaissance précise des antécédents, d'assurer le diagnostic.

III

Essayons maintenant d'indiquer *au bout de quel maximum de temps après la cessation des opérations dangereuses, chaque accident peut encore se produire.*

Pour les *accidents suraigus* il ne se présente aucune difficulté; ceux-ci surviennent pour ainsi dire immédiatement après l'absorption du poison. L'intervalle qui sépare l'intoxication de l'apparition des premiers symptômes ne peut s'étendre au delà de quelques heures, quelques jours au plus.

Dans la *forme chronique* de l'arsenicisme professionnel il n'en est plus de même. P. Brouardel a indiqué que l'élimination de l'arsenic est généralement complète au bout de 40 jours, quelques auteurs pensent que l'organisme peut dans quelques cas n'être débarrassé complètement qu'après 12 semaines. Dans une observation de Comby les phénomènes paralytiques débutèrent seulement 46 jours après que le malade eut cessé de prendre de l'arsenic. Isidore et Eichinger ont cité un cas d'empoisonnement où la paralysie se montra seulement 7 semaines après l'absorption du toxique. On ne pourra donc pas attribuer à l'intoxication professionnelle des accidents gastriques, pulmonaires, cutanés ou sensitivo-moteurs chez des ouvriers ayant cessé de s'exposer au poison depuis plus de 4 mois.

Au contraire, l'albuminurie par néphrite chronique, la déchéance cachectique surviennent chez des sujets longuement intoxiqués, ayant déjà présenté de nombreuses manifestations d'arsenicisme et peuvent apparaître alors qu'ils ont depuis assez longtemps renoncé au métier qui les a rendus malades.

Les *accidents locaux par contact* étant sous la dépendance immédiate et nécessaire du contact du poison ne peuvent se produire que dans les premiers jours qui suivent la dernière manipulation.

IV

Nous donnons ci-dessous un tableau indiquant *pour chaque accident les conséquences habituelles qu'il peut avoir (mort, incapacité permanente totale, incapacité permanente partielle, incapacité temporaire du travail, enfin indisposition n'entraînant ni chômage, ni diminution de capacité du travail.)*

Arsenicisme suraigu.		Mort (fréquente); Incapacité permanente partielle; Incapacité temporaire.
Arsenicisme chronique.	Accidents digestifs ou laryngo-bronchite.	Indisposition sans chômage; Incapacité temporaire du travail.
	Accidents cutanés.	Indisposition sans chômage; Incapacité temporaire du travail.
	Paralysies.	Mort (?); Incapacité permanente totale ou partielle; Incapacité temporaire.
	Néphrite chronique ou cachexie.	Mort; Incapacité permanente partielle ou totale.
Accidents locaux par contact.		Indisposition sans chômage; Incapacité temporaire de travail; Incapacité permanente partielle.

V

Parmi les accidents d'arsenicisme entraînant une incapacité quelconque de travail, en est-il pour lesquels le diagnostic permette habituellement d'établir l'origine de l'incapacité du travail soit d'une manière immédiate, soit à bref délai, en vue d'une déclaration légale ?

La description que nous avons faite montre bien qu'il n'est jamais possible en présence d'accidents provoqués par l'arsenic d'établir un diagnostic immédiat. Mais dans la *forme suraigüe* de l'intoxication, on serait en mesure dans certains cas, particulièrement lorsque la mort survient rapidement, de faire une déclaration après quelques jours seulement.

Il en sera de même pour *les accidents locaux par contact*, dans des circonstances spécialement favorables. Supposons qu'un médecin ait constaté chez un ouvrier maniant de l'arsenic, une lésion cutanée ou muqueuse bien localisée aux points d'élection des éruptions arsenicales et disparaissant chaque fois que le malade cesse ses occupations professionnelles, pour reparaître dès qu'il les reprend. Ne sera-t-il pas en droit de reconnaître une lésion d'origine arsenicale dès le début de chaque récidive?

On n'en peut dire autant pour les manifestations de l'*arsenicisme chronique*, dont les caractères ne se précisent jamais assez pour permettre un diagnostic précoce.

VI

Ce que nous venons d'exposer dans les paragraphes précédents à propos des difficultés qu'on rencontre lorsqu'il s'agit de reconnaître les accidents professionnels dus à l'arsenic montre suffisamment combien est indispensable la connaissance approfondie des moindres antécédents morbides des sujets travaillant dans les industries qui emploient des composés arsenicaux.

L'établissement d'un registre sanitaire où seraient régulièrement inscrits les troubles de la santé présentés par chaque ouvrier appartenant à ces industries, lors même qu'il n'y aurait pas eu chômage consécutif, s'impose donc de toute nécessité.

LES INTOXICATIONS PROFESSIONNELLES

PAR LE SULFURE DE CARBONE.

RAPPORT PAR M. LE Dr **F. HEIM**,

PROFESSEUR AGRÉGÉ À LA FACULTÉ DE MÉDECINE DE L'UNIVERSITÉ DE PARIS,
CHEF DE SECTION AU CONSERVATOIRE NATIONAL DES ARTS ET MÉTIERS,
DOCTEUR ÈS SCIENCES.

En confiant à un naturaliste le soin de lui présenter un rapport sur les accidents professionnels dus au sulfure de carbone, la Commission d'hygiène industrielle ne pouvait espérer recevoir un travail, fruit d'une expérience personnelle.

Ce rapport, à dessein aussi condensé qu'il se peut, n'est qu'un exposé résumé des faits relatés par les nombreux auteurs qui ont traité de l'intoxication professionnelle sulfo-carbonée, et des conclusions auxquelles aboutissent les meilleurs de leurs travaux. L'insuffisance de nos connaissances, touchant nombre de points importants, ne saurait faire doute. Le plan de cet exposé se trouvait tracé par la circulaire remise aux rapporteurs de la Commission par la Direction du travail, et spécifiant les points que devaient viser les divers rapports relatifs à l'assimilation des maladies professionnelles aux accidents du travail.

I. — Toxicité du sulfure de carbone.

Plus de quinze millions de kilogrammes de sulfure de carbone sont annuellement fabriqués en Europe et utilisés, à titre de solvant, par l'industrie, ou à titre d'insecticide par l'agriculture. La manipulation de cet agent industriel si répandu est loin d'être inoffensive. Le sulfure de carbone est toxique, qu'on l'emploie sous forme de sulfure brut, riche en impuretés, ou de sulfure rectifié. La question de savoir si, comme certains tendent à le croire (Sapelier, Dujardin-Beaumetz), la toxicité du sulfure de carbone commercial est due seulement à ces impuretés, n'offre qu'un intérêt théorique et n'a pas à être envisagée ici. Le sulfure de carbone, plus ou moins rectifié, mais toujours impur, est seul utilisé et économiquement utilisable dans l'industrie : la toxicité de ce corps est hors de doute.

II. — Influence du mode de pénétration du poison.

Voies d'absorption. — Il est inexact de dire que la seule voie d'absorption du sulfure de carbone soit la voie respiratoire. Il peut être absorbé par la peau et déterminer, non pas seulement des phénomènes cutanés locaux, mais des phénomènes généraux (J. SIMON — *Rev. mens. des maladies de l'enfance*, nov. 1884); il l'est rapidement par les muqueuses buccale, digestive, respiratoire. Dans la pratique industrielle, la voie respiratoire est évidemment la plus commune. Le sulfure est particulièrement toxique quand il est respiré mélangé à l'air : sa toxicité se manifeste lorsque l'atmosphère en renferme 1/2 à 1 p. 0/00. (A. THOMASIA — *Del intoxicazione per sulfuro di carbonio*, Pavia, 1881.)

Voies d'élimination. — L'accoutumance au sulfure de carbone ne se produit pas : expérimentation et clinique le démontrent. Ce corps paraît s'éliminer de l'organisme sans avoir subi, à son intérieur, aucune modification chimique : la plus importante des voies d'élimination est la voie pulmonaire; il emploie aussi les voies rénale et sudorale. Il est important de noter que cette élimination est fort lente, dure plusieurs jours dans le cas d'intoxication aiguë, bien davantage dans les cas d'intoxication chronique (VERNIOLLE. — *Contrib. à l'étude de l'intoxication aiguë par le sulfure de carbone*, Thèse, Toulouse, 1900). L'élimination partielle, par la voie rectale, du sulfure de carbone introduit dans l'estomac (DUJARDIN-BEAUMETZ, *l. c.*) [cas de A.-H. DOUGLAS *Med. Times*, p. 350, 1878] n'offre aucun intérêt au point de vue qui nous occupe.

La recherche qualitative du sulfure dans l'urine à l'aide de la liqueur de Fehling (à une douce température) [ROUX, in SAPELIER, *l. c.*] peut fournir d'utiles données sur l'origine sulfocarbonique des accidents de nature douteuse.

III. — Professions exposant les ouvriers aux accidents du sulfo-carbonisme.

Nous n'avons à donner ici qu'une énumération des industries où les ouvriers sont exposés aux accidents du sulfo-carbonisme.

Les dispositions prophylactiques indiquées par : H. MASSON — Moyen de prévenir les accidents que développe chez les ouvriers l'inhalation du sulfure de carbone en vapeur, *C. R.* 1858, XLVI, 683; POINCARRÉ, Rech. expériment. sur les effets des vapeurs de sulfure de carbone. *Arch. de physiologie*, 1879; par HUDELO, Note sur l'assainissement d'un atelier de vulcanisation de caoutchouc. *Rev. d'hyg.*, Paris, 1886, VIII, 996-1001; par PROUST, *Traité d'hygiène*, p. 301; sortent du cadre de ce rapport.

Professions industrielles. — Celles des professions figurant dans cette liste, qui sont marquées d'une astérisque, sont celles dans lesquelles aucune intoxication professionnelle n'a été, jusqu'à ce jour, signalée à notre connaissance. Il est à noter que ce sont de petites industries où l'ouvrier manipule des quantités relativement minimes de sulfure. Rien ne prouve, d'ailleurs, que les travailleurs de ces industries ne présentent pas des accidents légers, imputés à toute autre cause, en réalité d'origine sulfo-carbonique, et qu'ils ne soient pas exposés à présenter à l'improviste des accidents plus graves. (Notons que certaines de ces industries sont presque délaissées).

Fabrication du sulfure de carbone (préparation et distillation).

* Fabrication des sulfocyanures et des sulfocarbonates.

* Extraction du bitume et du soufre de certaines roches.

* Séparation du phosphore rouge et du phosphore blanc.

Dégraissage des laines et cuirs.

Purification de la paraffine brute.

Extraction du soufre contenu dans les produits de la distillation du gaz.

Extraction des huiles et graisses. Épuisement des graisses et fruits oléagineux, des tourteaux, des résidus de la pression des suifs, de la cire, des chiffons et étoupes de graissage des machines, des cambouis, des sciures ayant servi à la filtration des huiles végétales et minérales (chargement et déchargement des extracteurs).

* Extraction de certaines huiles essentielles.

Vulcanisation du caoutchouc au trempé (par immersion à froid de la gomme dans une solution de sulfure de carbone et de chlorure de soufre); — trempage, égouttage et séchage.

Fabrication du caoutchouc soufflé.

Confection des vêtements et chaussures caoutchoutés.

Industries diverses utilisant les dissolutions de caoutchouc et de gutta dans le sulfure de carbone (fabrication de la colle de gutta pour soudure du cuir et du liège).

Professions agricoles. — Destruction des insectes dans les magasins à grains (procédé Doyère et Clöez). Injection dans le sol des vignes phylloxérées de sulfure et de sulfocarbonate de potasse.

L'industrie si prospère de l'extraction des graisses ne fournit qu'un chiffre insignifiant d'accidents, par suite de la purification progressive du sulfure, en raison de son passage répété sur de nouveaux corps gras (Dujardin-Beaumetz — *Rapport au Conseil d'hygiène de la Seine*, 1891), bien que le chargement et le déchargement des extracteurs se fasse, en apparence, dans les conditions les plus défavorables.

C'est la manipulation des dissolutions de caoutchouc dans des locaux mal aérés qui fournit le plus fort contingent d'accidents professionnels. Le mode de manipulation du sulfure de carbone exerce en effet une action prépondérante sur l'apparition des accidents toxiques. C'est ainsi que la manipulation du sulfure en plein air ne détermine que rarement des accidents; on ne semble pas avoir signalé, jusqu'à ce jour, d'intoxication professionnelle chez les ouvriers des vignes, où ont été utilisées des quantités énormes de sulfure; les fuites dans la tuyauterie, le remplissage des réservoirs à la barrique mère sont autant d'opérations qui sembleraient cependant de nature à provoquer des accidents. Le sulfocarbonisme ne semble pas compatible avec le travail en plein air.

Par contre, le travail prolongé dans une atmosphère chargée de vapeurs sulfocarbonées est la principale déterminante des accidents.

L'expert, appelé à se prononcer sur un accident professionnel d'origine sulfocarbonique présumée, ne doit jamais perdre de vue l'influence qu'exerce le mode de manipulation de ce toxique sur la genèse des accidents.

L'influence déterminante de l'alcoolisme, dans l'éclosion ou l'aggravation des accidents, peut être tenue pour certaine.

IV. — Aperçu symptomatique des principaux accidents du sulfo-carbonisme.

Tous les auteurs, depuis Delpech (Note sur les accidents que développe chez les ouvrières en caoutchouc l'inhalation du sulfure de carbone en vapeurs. — *Bull. Ac. de médecine, 1863*), ont distingué deux modes d'intoxication sulfo-carbonique :

A) l'intoxication aiguë et *B*) l'intoxication chronique. Cette distinction mérite d'être maintenue.

Intoxication aiguë ou subaiguë. — Dans l'intoxication aiguë ou subaiguë, forme la plus rare, à début brusque ou même foudroyant, ce sont les phénomènes nerveux qui dominent; on est fondé à les grouper, sous le nom de phénomènes d'excitation, à parler même, avec Delpech, d'une « ivresse sulfocarbonée ». Ces phénomènes sont : céphalalgie intense, parfois hémicéphalalgie, bourdonnements d'oreille, troubles de la vue — cette céphalalgie tenace persiste souvent après la disparition des autres symptômes —, éblouissements, vertiges, loquacité, actes impulsifs, hallucinations; ces phénomènes sont accompagnés de pâleur de la face, frissons et sueurs profuses, douleurs musculaires, convulsions épileptiformes, toux, oppression, palpitations, nausées, vomissements, régurgitations à odeur d'œufs pourris. L'hypothermie doit être fréquente, comme elle l'est dans les cas d'ingestion stomacale de sulfure, cas de Davidson in Gilles de la Tourette (*Annales d'hyg.*, 1882). Dans certains cas, le coma paraît imminent, mais la littérature ne signale aucun cas où l'issue fut fatale. L'hématurie et la cystite, l'arrivée anticipée des règles, constatées dans les cas d'ingestion stomacale d'une dose massive de sulfure (Rétois — *Tribune médicale*, p. 557, 1878), n'ont pas été signalées dans les intoxications professionnelles. La chloroanémie rebelle, avec retentissement sur la sphère génitale chez la femme, doit s'observer dans les intoxications professionnelles aiguës, comme elle l'a été dans les intoxications par voie stomacale.

L'action nocive exercée sur les éléments figurés du sang : leucocytes et hématies, par le sulfure de carbone a été mise hors de doute par les expériences sur les animaux de Kiéner et Engel (Altérat. d'ordre hématique produites par l'action du sulfure de carbone sur l'économie *C. R.*, 1886), de Thomasia (*l. c.*), celles d'André, Baylac et Verniolle (in Verniolle, *l. c.*).

Ces altérations globulaires doivent être de règle dans l'intoxication professionnelle, mais nous ne possédons sur ce point aucune donnée précise.

On a vu des cas rares où l'apnée et la syncope subite surviennent brusquement (cas de DELPECH).

L'intoxication aiguë ou subaiguë peut survenir chez des sujets atteints déjà d'intoxication chronique : elle succède à une absorption plus considérable de toxique, à du surmenage, à un excès alcoolique, et est particulièrement redoutable. HUGUIN (*Contribut. à l'étude de l'intoxic. par le sulfure de carbone chez les ouvriers en caoutchouc soufflé*, Thèse, Paris, 1874); BEAUGRAND (Intox. aiguë par les vapeurs de sulfure de carbone, *Gaz. des hôpit.*, 14 juill. 1856).

Dans ces cas, après une période prémonitoire, caractérisée surtout par de la céphalalgie, des troubles digestifs, les symptômes de dépression s'accusent, avec sensation de faiblesse surtout dans les membres inférieurs, obnubilation de l'intelligence et émission d'urines à odeur sulfocarbonée. Ces accidents sont généralement longs à se dissiper, le patient peut y perdre la vivacité de son intelligence; il est rare qu'il n'en résulte pas une anaphrodisie complète.

Intoxication chronique. — Il semble y avoir quelque exagération à distinguer avec LAYET (*Encyclopédie d'hygiène*, p. 537) dans l'intoxication chronique deux périodes : une période d'excitation et une période de dépression. On ne trouve guère, dans les faits publiés, de semblable division; il serait plus conforme à la vérité de dire que, dans l'intoxication aiguë — tout au moins dans sa première phase —, ce sont les phénomènes d'excitation qui dominent, et que ce sont, au contraire, les phénomènes de dépression qui dominent dans l'intoxication chronique.

Il faut, dans l'intoxication chronique par le sulfure de carbone, distinguer des formes bénignes, à symptômes digestifs et nerveux peu accusés, et des formes graves à symptômes très accusés. L'intoxication sulfocarbonée, dans ses formes chroniques, porte ses effets sur divers appareils de l'économie : appareil digestif et système nerveux principalement. Les troubles digestifs sont des troubles initiaux, les troubles nerveux plutôt des troubles secondaires.

Troubles digestifs. — Les troubles digestifs sont caractérisés par de l'anorexie, de la flatulence, des vomissements. Une diarrhée peu rebelle ou une diarrhée chronique, accompagnée d'amaigrissement, ont été dans certains cas d'intoxication par ingestion de doses massives de sulfure de carbone (25 gr. en sept jours, BEAUMETZ; 7 gr. par jour pendant trois mois, SAPELIER) les seuls symptômes notables. Cette faible susceptibilité gastro-intestinale de certains sujets vis-à-vis du sulfure de carbone doit être retenue. Nombre d'ouvriers atteints de sulfo-carbonisme chronique peuvent ne présenter que de minimes troubles digestifs.

Troubles nerveux. — Le système nerveux n'est pas seul touché par le sulfure de carbone, mais il l'est plus que tous les autres et ce sont ses perturbations qui dominent l'ensemble symptomatique de l'intoxication chronique par cet agent. Delpech, à qui est due la première description des troubles nerveux déterminés par le sulfure de carbone (Nouvelles recherches sur l'intoxication spéciale que détermine le sulfure de carbone; industrie du caoutchouc soufflé, *Ac. de Méd.*), s'est attaché à décrire une névrose sulfo-carbonée, distincte de toutes les autres névroses toxiques.

Hystérie sulfo-carbonée. — Contre cette opinion se sont élevés Charcot (*Leçons du mardi*, 1888-1889) et son école. Chez les sujets prédisposés, porteurs de tares nerveuses, le sulfure de carbone provoque, comme le plomb, le mercure, l'alcool, la première manifestation ou le réveil d'une hystérie latente. P. Marie (Sulfure de carbone et hystérie, *Soc. méd. des hôpitaux*, oct. 1888) a donné, pour la première fois, le tableau de l'hystérie sulfo-carbonée, telle qu'elle était admise par Charcot, « hystérie développée sous l'influence provocatrice du toxique »; Guinon (*Des agents provocateurs de l'hystérie*, Thèse, Paris, 1888); Hirschmann (*Intoxication et hystérie*, Thèse, Paris, 1888) ont continué cette étude. Les tentatives de Ch. Martel (*Contribut. à l'étude de l'hystérie toxique*, Thèse, Paris, 1894) pour guérir ces accidents par suggestion, tentatives parfois couronnées de succès, achèvent de préciser le caractère hystérique de la prétendue névrose sulfo-carbonée. Cette opinion n'est cependant pas admise par Bloch et Leyden (*Soc. méd. interne de Berlin*, mai 1893) qui font jouer à l'intoxication un rôle exclusivement déterminant. Achard (Accid. nerv. dans l'intoxicat. sulfo-carbonée. — *Méd. moderne*, 1894, janv., p. 3), dans la relation d'un cas particulièrement instructif, a montré que divers troubles, constatés au cours de l'intoxication sulfo-carbonée (analgésie, parésie, douleur à la pression sur le trajet des troncs nerveux, tremblement) chez des sujets nettement hystériques, ne sont pas imputables à un réveil d'une hystérie latente, sous l'influence du toxique. La vérité paraît être entre les deux opinions diamétralement opposées, professées l'une par la presque totalité de l'école française, l'autre par l'école allemande.

Le début de cette névrose peut être lent ou brusque; le début brusque est parfois marqué par une véritable attaque apoplectiforme (apoplexie hystérique de Achard) [Achard. — *De l'apoplexie hystérique*, Thèse, Paris, 1887]. Cette attaque, observée également par Marie, est souvent suivie d'hémianesthésie partielle, accompagnée de parésie, curable par l'aimant.

En général, la maladie débute insidieusement par une période de troubles vagues (fourmillements, crampes passagères, insomnie). A une grande agitation nocturne, accompagnée de cauchemars, succède une amélioration notable au réveil; les troubles reparaissent à la reprise du travail (nouvelle absorption de toxique). Chez la femme, on observe des troubles menstruels (dysménorrhée, ménorrhagies); dans les deux sexes une véritable excitation génésique, parfois, au contraire, une anaphrodisie absolue. A ces symptômes s'ajoutent peu à peu des modifications du caractère : le malade devient irascible, émotif, il paraît en état d'ivresse permanente. Peu à peu s'établit une lassitude générale qui justifie le terme de « dépression », adopté par Delpech pour caractériser la période d'état de l'intoxication chronique.

Raymond dans une leçon clinique (déc. 1895) qui a servi de texte au travail de C. J. Argétoyano (Des névrites sulfo-carbonées. — *Gaz. hebd. de méd. et de chir.*, n° 17, p. 195, 1897) a indiqué une classification logique des troubles nerveux observés au cours de l'intoxication sulfo-carbonée. Cette classification, d'une importance fondamentale au point de vue clinique pur, ne peut être suivie dans cet exposé d'un ordre essentiellement pratique et spécial.

Mention séparée doit être faite des troubles de la sensibilité et des troubles de la motilité, au cours de l'intoxication chronique.

Troubles de la sensibilité :

a) *Hémianesthésie.* — L'hémianesthésie fréquente peut revêtir deux formes : régulière, ou présentant une encoche au milieu de la ligne médiane; parfois des plaques isolées possèdent un reste de sensibilité.

b) *Anesthésie localisée.* — « L'examen de la sensibilité cutanée », disait Delpech, dès 1863, « fait reconnaître que les membres inférieurs, jusqu'au pli de la fesse, en arrière, sont insensibles au toucher, au pincement, aux piqûres, au froid ». Cette localisation de l'anesthésie, entrevue par cet auteur, a été précisée par Marie : elle revêt la forme en manchon.

c) *Hyperesthésie.* — L'hyperesthésie, lorsqu'elle s'observe, siège généralement du côté hémiplégié; c'est un phénomène initial.

Troubles de la motilité :

a) *Parésie.* — Dès le début de l'intoxication chronique, la démarche est vacillante, rappelle celle d'un homme ivre; les membres inférieurs sont comme retenus au sol; leur parésie peut confiner à la paraplégie; il existe un affaiblissement marqué de la force musculaire. Dès 1865, Tavera (*Intoxicat. par le sulfure de carbone*, Thèse, Paris) qualifiait de pseudotabétique le sujet intoxiqué par le sulfure de carbone. Dernès (*Pseudo-tabès dû à l'intoxication par le sulfure de carbone*, France médicale, 1885, I, 1, p. 3) et E. Bonnet (*Troubles nerveux dus à l'intoxication par le sulfure de carbone*, Thèse, Paris, 1885) ont décrit des cas de pseudo-tabès sulfo-carboné, susceptibles de guérison.

Du côté des membres supérieurs, on observe des crampes musculaires très douloureuses, de la contracture des fléchisseurs, du tremblement. Ce dernier symptôme s'observe moins fréquemment que dans d'autres hystéries toxiques. Breillot (*Du tremblement*, Thèse, Paris, 1885) a décrit un tremblement limité aux lèvres, gênant la parole et s'étendant parfois aux membres supérieurs. On ne trouve aucun document bien net sur le tremblement dans cette intoxication. Les auteurs semblent attribuer à ce symptôme une origine exclusivement toxique; mais la question se pose de savoir s'il ne s'agit pas, au moins dans certains cas, d'un vulgaire tremblement alcoolique ou d'un tremblement hystérique.

Depuis le premier cas de paralysie sulfo-carbonée, décrit en 1853, par Duchenne de Boulogne (*Mémoire sur la paralysie provoquée par la vulcanisation du caoutchouc*), les cas de paralysie observés dans l'intoxication chronique ne se comptent plus. La paraplégie paraît relever d'une lésion irritative ou dégénérative des nerfs périphériques, analogue aux autres névrites toxiques. (Brissaud. — *Des paralysies toxiques*, thèse d'agrégation, Paris, 1886.) — — Les paralysies sulfo-carboniques s'accompagnent quelquefois d'atrophies musculaires, mais avec conservation de la contractilité électrique; les troubles dans les réactions électriques sont exceptionnels. C'est généralement par les membres inférieurs que débutent ces paralysies; elles apparaissent tantôt en une semaine, tantôt au bout de plusieurs mois.

b) *Hémiplégie.* — L'hémiplégie, très fréquente, est souvent incomplète, jamais accompagnée de contractures, siège d'ordinaire à droite; cependant, dans un cas de Brunon (*Normandie médicale*, 1er août 1893), le côté gauche était seul touché. Le côté hémiplégié n'est pas flasque, il a une certaine raideur qui fait que les extrémités des membres conservent la position qu'on leur a donnée.

c) *Paraplégie.* — La paraplégie est l'accident le plus constant de l'intoxication sulfo-carbonée chronique; c'est de tous les troubles graves de la motilité celui qui persiste le plus longtemps. Achard a signalé un cas de paraplégie sulfo-carbonique sans anesthésie.

d) *Paralysies limitées.* — Ces paralysies suffisent à elles seules à établir le diagnostic d'hystérie; elles ont, dit Marie, « un cachet d'hystérie; c'est un segment du membre et non tel ou tel muscle ou le territoire d'un nerf déterminé » qu'elles affectent.

e) *Spasmes de la face.* — Le spasme facial, dont Delpech et Bonnet n'avaient indiqué qu'incidemment l'existence, a été mis en évidence par Marie. « La fente palpébrale présente un certain degré d'occlusion. Les paupières sont animées de contractions fréquentes; la commissure labiale droite est un peu tirée à droite et en haut, à l'état de repos, et aussi dans les mouvements de la face; tous ces phénomènes s'accentuent lorsqu'on fait parler le malade. »

Les troubles de la motilité, dans l'intoxication sulfo-carbonique, peuvent, quoique rarement, exister en dehors de l'hystérie (cas de Derbès, *l. c.*, et de Rendu [De la contracture liée à l'intoxication par le sulfure de carbone. — *Soc. méd. des hôp.*, Paris, 1891, 3 S., VIII, 543-50]). — Rendu a fait connaître un cas de contracture, chez une ouvrière en caoutchouc, débutant par les mâchoires, puis s'étendant au cou, à la colonne vertébrale, aux jambes et aux bras, contracture tenace, accompagnée d'une stomatite secondaire. Ce cas, jusqu'ici isolé, sert de type à la forme pseudo-tétanique de la névrite sulfo-carbonée, établie par Argétoyano.

D'une manière générale, le caractère prédominant des troubles moteurs dans cette intoxication, c'est leur rareté à l'état isolé.

Troubles sensoriels. — Les troubles sensoriels existent rarement à l'état isolé, le plus souvent ils font partie du syndrôme hystérique, et ne méritent pas une considération spéciale.

Quelques accidents survenant au cours de l'intoxication du côté des organes des sens doivent cependant être signalés: tels sont les bourdonnements d'oreille, la surdité plus ou moins complète, la diminution ou l'abolition du goût et de l'odorat.

Les troubles oculaires présentent une importance spéciale, en raison de leur fréquence particulière (10 cas d'accidents oculaires sur 16 cas d'intoxication sulfo-carbonée chronique (Glibert). Ce sont généralement des troubles peu graves, se dissipant après cessation du travail dangereux; parfois il s'agit de lésions oculaires incurables.

Dans l'intoxication chronique, observée chez des ouvrières exposées directement aux vapeurs de sulfure au-dessus de cuves, on a noté une inflammation douloureuse de la conjonctive, accompagnée de larmoiements (Hampe).

L'anesthésie de la cornée, signalée par Bergeron et Lévy (Note sur l'anesthésie de la cornée dans l'empoisonnement par le sulfure de carbone. — *Soc. biol.*, 1864, I, 49), aussi bien sur les animaux d'expérience que sur l'homme, n'a guère été signalée depuis par les auteurs; peut-être est-elle passée inaperçue, en l'absence d'autres symptômes oculaires.

L'acuité visuelle est d'ordinaire réduite, ainsi que le champ visuel, pour certaines couleurs (vert et rouge).

On a noté, à plusieurs reprise, la paralysie de l'accommodation, l'existence d'un scotome central, sans lésions appréciables à l'ophtalmoscope. (E. Gallemaerts. — Amblyopie par le sulfure de carbone, *J. méd. clin. et pharmacol.*; Bruxelles, 1890, XC, 433-37, 1 fig.) Dans un cas d'Hirschberg, la tache jaune était cependant altérée.

Le plus souvent, les troubles oculaires sont ceux de l'amblyopie toxique (alcoolisme, tabagisme). — Cette amblyopie est très tenace, peut durer plusieurs années et ne cesser que lorsque le malade cesse tout travail dangereux. Galezowski (Troubles visuels consécutifs à l'intoxication par le sulfure de carbone. — *Rec. d'ophtalmol.*, IV, pages 121-33, 1877)

Le scotome central pour les couleurs étant au moins exceptionnel (Duboys de Lavigerie. — Accidents oculaires produits par l'inhalation du sulfure de carbone. — *Rec. d'opht.*, 1887, 3 S., IX, 535-39), son absence constituerait un bon caractère différentiel d'avec l'amblyopie alcoolique.

L'atrophie de la papille peut survenir dans les cas graves. Dans deux cas de cachexie mortelle, due à une intoxication prolongée pendant des années, ayant abouti à l'albuminurie, Gallemaertz (Rétinite albuminurique produite par le sulfure de carbone. — *Policlin.* Bruxelles, 1897, VI, n° 11, 188-192) a trouvé des hémorragies punctiformes de la rétine.

Troubles psychiques. — L'affaiblissement des fonctions psychiques est corrélatif de l'affaiblissement des fonctions sensitivo-motrices. Les troubles de l'intelligence ont été notés par la plupart des observateurs (Delpech, Beaugrand, Ball, Voisin, Lippmann).

Marcé (*Traité pratique des maladies mentales*, 1862, p. 149) a vu « un véritable accès de manie chez un ouvrier en caoutchouc qui manipulait du sulfure de carbone ». — Ball range l'intoxication sulfo-carbonique au nombre des causes qui peuvent provoquer l'aliénation. — De son étude « *des troubles intellectuels dans l'intoxication par le sulfure de carbone* » (thèse, Paris, 1897), Prodhon conclut à des modifications de caractère, à un affaiblissement général des facultés psychiques et à la folie proprement dite. Les intoxiqués par le sulfure de carbone présentent, au début, certaines modifications du caractère, deviennent irascibles, méchants; les autres, plus vifs, se montrent violents et présentent des accès de manie passagère. D'autres, au contraire, enclins à la tristesse, refusent de manger, ont des terreurs nocturnes, leur sommeil est agité, coupé de cauchemars avec hallucinations de la vue et de l'ouïe. Chez tous les malades, on observe un affaiblissement marqué et progressif de la mémoire.

Delpech, Proust, Marie, Charcot ont signalé de véritables idées délirantes avec hallucinations. Ces troubles mentaux, provoqués par le sulfure de carbone, ne paraissent présenter aucun caractère spécial, permettant de créer, comme le veut Bonnet, un état mental particulier.

D'une étude spéciale « des troubles intellectuels dans l'intoxication professionnelle par le sulfure de carbone » (*Ann. d'hyg.*, 1895, 3 S., XXXIII, t. I, p. 309), Marandon de Montyel conclut que le sulfure de carbone peut déterminer deux désordres mentaux : l'un aigu, l'ivresse; l'autre chronique, la démence : les diverses modalités constatées dans ces désordres sont entièrement déterminées par les prédispositions du sujet; le sulfure de carbone est un agent provocateur des troubles psychiques qui existent à l'état latent chez les prédisposés.

Tous les auteurs qui se sont occupés de cette question ne partagent point cette manière de voir. C'est ainsi que, dans 3 cas de démence sulfo-carbonique, chez des ouvriers en caoutchouc, Peterson (*Boston med. Journ.*, 1892, 6 oct., p. 325) n'a relevé aucune tare nerveuse ou mentale. Nombre de ces cas de manie aiguë ou d'hypocondrie sont, d'ailleurs, entièrement curables, au bout de quelques mois. (Peterson — Julius Hampe, *Ueber Geistes Krankheit in Folge Schwefelkohlenstoffvergiftung*, 1895, Leipzig, in-8°; 51 p.)

Lésions cutanées. — La mélanodermie sulfo-carbonée, décrite par Laboulbène (De certaines pigmentations cutanées survenues chez des malades intoxiqués par le sulfure de carbone. — *Soc. méd. des hôp.*, 1876, 2 S., XIV, 167), qui consiste en l'apparition sur les membres et le tronc de taches ecchymotiques, irrégulièrement disséminées (conséquence probable des altérations hématiques) n'est nullement un signe caractéristique de l'empoisonnement par le sulfure; ce symptôme n'est relaté que dans un nombre très minime de cas.

Accidents locaux. — Par évaporation à la surface de la peau, le sulfure détermine une sensation de froid, suivie d'une sensation de cuisson, parfois fort vive. L'immersion fréquente des doigts dans le sulfure, ou simplement leur contact avec des objets qui en sont imbibés peut, à la longue, déterminer une anesthésie plus ou moins marquée. Ce sont là troubles peu graves.

L'action irritante du sulfure sur les muqueuses est beaucoup plus marquée, la projection de quelques gouttes sur la conjonctive, ou le contact des doigts mouillés de sulfure avec cette dernière peut déterminer des accidents de conjonctivite simple ou suppurée.

Ces manifestations cutanées ou muqueuses cèdent facilement sous l'influence de la cessation des manipulations qui les déterminent.

A cette action locale du sulfure se rattachent les phénomènes d'anesthésie (à la pression, à la chaleur, à la douleur) cutanée, déterminés par le contact des vapeurs toxiques. En raison de leur grande densité, elles s'accumulent dans les parties basses des ateliers, et ce sont les membres inférieurs des ouvriers qui sont le plus fréquemment atteints.

V

« *Avec quelle certitude chacun des accidents ci-dessus énumérés peut-il être rapporté par le diagnostic à l'action du sulfure de carbone?*

« *Chacun de ces accidents peut-il provenir ordinairement ou exceptionnellement, avec les mêmes symptômes, d'autres causes ?* »

A cette double question, il est difficile de répondre avec toute la précision désirable.

Aucun des accidents du sulfo-carbonisme ne présente de caractère bien spécial; il n'y a pas, dans cette intoxication, d'accident spécifique.

L'odeur sulfo-carbonée de l'haleine des intoxiqués peut être une indication précieuse; la recherche qualitative et même quantitative du sulfure dans l'urine pourrait être aussi un élément de conviction; mais nous ne possédons que des données très insuffisantes sur la rapidité d'élimination du toxique par la voie rénale et sur la corrélation entre sa présence et la nature ou l'intensité des symptômes d'intoxication.

L'intoxication aiguë ou suraiguë présente un cortège symptomatique assez spécial pour être aisément reconnu, si l'on tient compte de la profession du sujet: comme ces symptômes apparaissent d'une manière brusque, parfois foudroyante, il paraît relativement aisé, dans tous les cas, de les rapporter à leur cause.

Dans l'intoxication chronique, il est tout particulièrement délicat d'apprécier la part respective qui, dans la genèse des accidents, revient à l'intoxication et aux prédispositions individuelles. Fréquemment, le peu d'intensité des symptômes du sulfo-carbonisme chronique le fait méconnaître à son début: l'inappétence, les troubles gastro-intestinaux, l'anémie, les symptômes nerveux, cérébraux et sensoriels sont méconnus ou attribués à des causes banales. Ce sont cependant là des symptômes prémonitoires qu'il faudrait rechercher chez les travailleurs exposés au sulfo-carbonisme du fait de leur profession.

Les symptômes bénins et les plus fréquents, caractéristiques d'une intoxication légère, disparaissent par le seul fait de la cessation du travail dans une atmosphère chargée de vapeurs toxiques, et reparaissent aussitôt que le travail est repris. Ces symptômes seront donc facilement rapportés à leur cause, surtout si l'on tient compte des antécédents. Il importe cependant de ne pas perdre de vue le caractère essentiellement banal de ces accidents: les troubles digestifs sont ceux de l'embarras gastrique.

Les symptômes des paralysies sulfo-carboniques se confondent avec ceux des névrites périphériques, quelle que soit leur origine.

Le tremblement mercuriel est plus intense et plus général que le tremblement sulfo-carbonique : son diagnostic, différentiel d'avec celui de l'alcoolisme et de la sclérose en plaques, peut être délicat.

Daus l'atrophie musculaire progressive, la paralysie est consécutive à l'atrophie; c'est l'inverse dans l'intoxication sulfo-carbonique.

La paralysie générale des aliénés, indépendemment de sa marche fatale et progressive, présente l'inégalité papillaire, le bégaiement, les signes de congestion cérébrale.

La cause de la cachexie sulfo-carbonique doit surtout être établie par les antécédents du sujet, car elle ne présente par elle-même aucun caractère qui lui soit vraiment spécial.

La dépression du sens génésique est assez caractéristique.

Les manifestations du sulfo-carbonisme pourraient être aisément confondues avec celles de l'alcoolisme; mais ces deux intoxications ne présentent pas les mêmes manifestations psychiques et sensorielles.

Les accidents déterminés par l'action directe du sulfure de carbone sur les téguments ou les muqueuses peuvent, dans l'immense majorité des cas, être rapportés à leur cause, en raison de leur apparition aussitôt après le contact du poison.

VI.

Au bout de quel maximum de temps, après la cessation des opérations dangereuses, chaque accident peut-il encore se produire?

Les accidents du sulfo-carbonisme semblent se manifester, toujours, très peu de temps après l'absorption du toxique.

Les accidents suraigus apparaissent presque immédiatement (quelques heures au plus) après l'inhalation du sulfure.

Il semble impossible (l'attention des auteurs n'ayant pas été fixée sur ce point) d'être aussi affirmatif pour les accidents chroniques. La succession des symptômes doit permettre cependant, dans la presque totalité des cas, de rattacher les symptômes éloignés à leur cause primitive, l'intoxication. Il semble, d'une manière générale, qu'il n'y a pas de symptôme initial de l'intoxication sulfo-carbonée apparaissant plusieurs jours après la cessation du travail dangereux.

Quant aux accidents locaux par contact, ils succèdent immédiatement à la manipulation du poison.

VII.

Le tableau ci-dessous essaie d'indiquer, *pour chaque accident, les conséquences habituelles qu'il peut avoir* (*mort, incapacité permanente totale, incapa-*

cité permanente partielle, incapacité temporaire de travail, enfin indisposition n'entraînant ni chômage, ni diminution de capacité de travail) :

Sulfo-carbonisme aigu ou suraigu.	Mort?		On ne connait aucun cas de mort consécutif à des accidents aigus de sulfo-carbonisme professionnel.
	Incapacité temporaire de travail.		
Sulfo-carbonisme chronique.	Accidents digestifs.		Indisposition avec ou sans chômage.
	Accidents nerveux.	Anesthésie	Diminution de la capacité de travail. Incapacité temporaire partielle.
		Parésie	Incapacité de travail totale temporaire.
		Tremblement Spasmes Contractures	Diminution de la capacité de travail. Incapacité temporaire partielle ou totale.
		Paralysies	Incapacité totale de travail temporaire ou permanente.
	Troubles oculaires		Diminution de la capacité de travail. Incapacité partielle ou totale, temporaire ou permanente.
	Troubles psychiques		Incapacité permanente totale ou partielle. Incapacité temporaire.
	Cachexie		Mort. Incapacité permanente partielle ou totale.
Accidents locaux (par contact) du côté de la peau ou des muqueuses	Indisposition sans chômage.		

On ne meurt guère de sulfocarbonisme professionnel. Mais cette intoxication peut abréger la vie, compromettre d'une manière plus ou moins grave la santé et faciliter, du fait de la misère physiologique qu'elle détermine, l'éclosion d'autres affections. Le réveil, toujours à craindre, d'une hystérie latente détermine, presque à coup sûr, la diminution de la capacité de travail de l'ouvrier.

Quels sont, parmi les accidents de sulfocarbonisme, entraînant une incapacité quelconque de travail, ceux pour lesquels le diagnostic permet habituellement d'établir l'origine de l'incapacité du travail, soit d'une manière immédiate, soit à bref délai, en vue d'une déclaration légale ?

Il semble possible, dans la majeure partie des cas, en tenant compte de la profession du malade, de rapporter, avec un grand degré de certitude et d'une manière immédiate, à l'intoxication les accidents du *sulfocarbonisme aigu.*

Un égal degré de certitude fait défaut pour presque tous les symptômes de *sulfocarbonisme chronique,* exception faite cependant pour la cachexie sulfocarbonique.

Quant aux *accidents locaux par contact,* ils peuvent toujours être rapportés à leur cause : le contact avec le toxique.

Conclusion. — L'exposé des difficultés que peut présenter le diagnostic des accidents du sulfocarbonisme professionnel montre l'utilité majeure d'une connaissance aussi parfaite que possible des antécédents morbides des travailleurs appelés à manier le sulfure de carbone.

Il paraît donc hors de conteste qu'au premier rang *des mesures à prendre pour éclairer ultérieurement le diagnostic et l'origine des accidents,* imputables au sulfocarbonisme, se place l'établissement d'un carnet sanitaire. Ce carnet pourrait utilement faire mention de l'intérêt des mesures prophylactiques, telles qu'une large aération des locaux, de l'influence déterminante de l'alcoolisme et des névroses sur l'apparition et l'aggravation des accidents sulfocarboniques. Sur ce carnet individuel, se trouveraient mentionnés les troubles de santé du détenteur dudit carnet, alors même que ces troubles seraient légers et ne détermineraient aucun chômage. Aux troubles légers, déclarés par l'intéressé, s'ajouteraient ceux plus graves qu'aurait constatés le médecin inspecteur. La reconstitution de l'histoire pathologique de tout ouvrier exposé au sulfocarbonisme professionnel sera, pour l'expert appelé à se prononcer sur l'origine douteuse d'un accident *a priori* imputable au sulfure de carbone, son guide le plus sûr.

Les ouvriers faibles, chétifs, névrosés, alcooliques sont nettement prédisposés aux accidents sulfocarboniques. Des médecins inspecteurs pourraient donc visiter utilement, à intervalles réguliers, les ateliers où se manipule le sulfure de carbonne, vérifier et déclarer les symptômes prémonitoires de l'intoxication chronique. Soustrait à temps aux dangers de l'intoxication sulfocarbone, il n'est pas, semble-t-il, d'ouvrier, même prédisposé, qui ne puisse échapper radicalement, un aménagement convenable des ateliers aidant, aux accidents qu'elle est susceptible de déterminer.

LES INTOXICATIONS PROFESSIONNELLES

PAR

LES CORPS HYDROCARBURÉS.

RAPPORT PAR M. LE Dr **COURTOIS-SUFFIT**,

MÉDECIN DES HÔPITAUX, MÉDECIN EN CHEF DES MANUFACTURES DE L'ÉTAT.

Parmi les accidents causés par les carbures d'hydrogène, qui tous, d'ailleurs ont une physionomie clinique à peu près commune et comme un « caractère de famille », j'étudierai *surtout* ceux que provoque l'intoxication par la benzine et par l'aniline. Plus fréquents peut-être, ces accidents ont été, médicalement parlant, mieux étudiés et il m'a été relativement plus facile de recueillir à leur propos des documents utiles. Je dirai seulement, du pétrole, de l'essence de térébenthine et des autres, les points les plus immédiatement intéressants.

Les caractères de symptomatologie générale qui forment comme un fonds commun à tous les accidents observés, quelque soit l'hydrocarbure, consistent en des troubles nerveux variés, plus ou moins graves, dus à l'action directe des vapeurs inhalées sur le centre cérébro-spinal et en une anémie, plus ou moins prononcée à la longue, due au ralentissement des échanges nutritifs qui résultent de l'action spéciale que les hydrocarbures paraissent exercer sur les globules sanguins. A côté de ces phénomènes morbides spéciaux, il en est d'autres qui sont imputables à des éléments étrangers, mélangés aux hydrocarbures eux-mêmes, soit pendant leur préparation, soit pendant leur utilisation industrielle. Ces éléments étrangers sont tantôt des agents irritants, comme certaines vapeurs acides, ou des agents toxiques, comme certains produits de dédoublement et de dérivation des carbures d'hydrogène.

M. Le Roy des Barres a bien voulu me remettre, et je l'en remercie vivement, une note très importante et nouvelle contenant des renseignements chimiques, qui me paraissent devoir être placés en tête de cette étude.

L'industrie des matières colorantes tire sa source des dérivés du goudron de houille.

Par la distillation, la houille donne deux grandes classes de produits, la première les huiles légères, la seconde les huiles lourdes.

Des huiles légères on tire les types de benzol connus sous le nom de benzol 90 p. o/o et 50 o/o, qui, traités dans des appareils à colonnes, donnent les hydrocarbures de la série aromatique, tels que *benzène*, *toluène*, *xylène*, corps obtenus aujourd'hui chimiquement purs et qui, par nitration et ensuite par réduction, donnent les amines dérivées, aniline, toluidine, xylidine.

Le fractionnement des types 90 p. o/o et 50 p. o/o donne des produits de tête variables suivant l'origine des houilles (le 90 p. o/o en donne toujours plus que le 50 p. o/o), mais où domine généralement le sulfure de carbone des produits sulfurés, enfin des carbures de la série éthylénique des nitriles, des carbylamines de l'acétate de méthyle, de l'acétone, de l'alcool méthylique, etc.).

Les accidents du sulfure de carbone sont en partie connus. Quant aux autres corps leur distillation est très dangereuse. Excessivement volatils et bouillant à une très faible température ils peuvent d'abord entraîner les plus grands risques d'incendie, et surtout sont très dangereux pour les hommes préposés à ce travail. Il faut donc veiller à ce que les éprouvettes soient bien étanches pour que les vapeurs de ces hydrocarbures ne puissent être respirées par les ouvriers; autrement elles agiraient comme toxiques donnant une céphalalgie intense, des vomissements, du malaise général allant jusqu'à l'anesthésie complète.

Les produits de tête retirés, on obtient le benzène dont la formule est $C^6 H^6$ qu'on transforme avec l'acide nitrique en nitro-benzine.

$$C^6 H^6 + AzO^3 H = C^6 H^5 AzO^2 + H^2 O.$$

Cette transformation est faite dans des appareils en fonte, la réaction est tellement bien réglée (refroidissement par l'eau) qu'il n'y a plus traces de vapeurs nitreuses pendant la durée de la nitration, et qu'il n'y a plus aujourd'hui aucun accident à craindre, pendant cette phase de la fabrication.

Il ne peut y avoir danger que pour l'ouvrier chargé d'enlever à la nitro-benzine la benzine qui a échappé à la nitration. Cette opération s'effectue en envoyant dans la nitro-benzine un jet de vapeur. La benzine qui bout à 80 degrés distille et est recueillie dans un réfrigérant qui doit être très puissant; car si la condensation n'est pas parfaite, il parfera à la distillation en même temps que de la benzine de la nitro-benzine qui est très toxique par elle-même.

La transformation de la nitro-benzine en aniline se fait industriellement aujourd'hui en mettant en contact la nitro-benzine avec de l'hydrogène obtenu par la réaction de l'acide chlorhydrique sur la limaille de fonte par la réaction suivante :

$$C^6 H^5 AOz^2 + 6 H = C^6 H^5 Az H^2 + 2 H^2 O.$$

Les accidents dus à l'aniline seront étudiés plus loin. Il est utile dès maintenant de faire remarquer qu'anciennement l'*hématurie* était un accident fréquemment rencontré dans l'intoxication par l'aniline, et que maintenant il a complètement disparu depuis que l'on a soustrait l'ouvrier aux vapeurs d'aniline en changeant les procédés de rectification de ce corps.

La toluidine, mais surtout la para-toluidine sont beaucoup plus toxiques que l'aniline ; la xylidine l'est encore davantage.

La nitro-naphtaline s'obtient par l'action de l'acide nitrique sur la naphtaline et se transforme en naphtylamine en présence de limaille de fonte et d'acide chlorhydrique.

Ces corps donnent tous deux naissance à des éruptions érythémateuses, très douloureuses, accompagnées d'œdème des mains et de la face, provoquées par la malpropreté de l'ouvrier. Ces accidents surviennent en général chez les ouvriers jeunes et robustes et non pas chez les ouvriers maigres qui ont dépassé la trentaine.

J'en arrive à l'étude clinique de l'intoxication professionnelle par la *benzine* (1).

Cette étude est relativement ancienne et assez riche en documents. La benzine révèle sa toxicité par des troubles du *système nerveux central et périphérique* et aussi par *l'altération des éléments constitutifs du sang ainsi que les épithéliunes fragiles des petits vaisseaux.*

Dès l'année 1860 (2), Perrin signale de l'engourdissement, des fourmillements, de légers tremblements chez les employés des fabriques de benzine. Guyot mentionne en 1879 le cas d'un ouvrier de Clichy qui fut atteint d'accidents convulsifs, de coma, de paralysie de la face, puis ultérieurement de monoplégie brachiale. A ce propos, Quinquand rappelle des faits dans lesquels des fourmillements, des anesthésies, des parésies, de l'amblyopie même paraissaient indiquer l'influence morbide de la benzine sur les expansions nerveuses périphériques.

En 1897, au Congrès de Moscou, Santesson, de Stockolm, fit une intéressante communication sur neuf cas d'empoisonnement chronique par les vapeurs de benzine. Il s'agissait de jeunes femmes employées dans un atelier mal ventilé. Il note, comme principaux symptômes, le céphalée, le vertige, l'anesthésie, des vomissements, de l'anémie, des hémorragies de la peau et des muqueuses. Dans un cas terminé par la mort, il trouva une dégénéres-

---

(1) Pour éviter toute confusion, nous croyons devoir observer que si, en France, le nom de *benzine* a été pendant longtemps réservé uniquement aux carbures retirés du goudron de houille, ce nom a aussi été donné aux carbures très volatils extraits des pétroles (essence de pétrole). Au début on avait soin de dire benzine de pétrole, mais on dit simplement *benzine*, sans spécifier l'origine. Il en résulte que lorsqu'il est question, dans le langage courant, de benzine en France, on ne sait à quel produit on a affaire.

A l'étranger (Angleterre, Allemagne, États-Unis), cette confusion n'existe pas, car les carbures dérivés du goudron de houille sont désignés sous le nom de *benzols*, tandis que celui de *benzine* semble de plus en plus être réservé aux carbures très volatils du pétrole. Or ces derniers, quand ils sont purs, ne paraissent pas être bien toxiques.

(2) Ces renseignements sont extraits en partie du récent mémoire de M. Simonin : Intoxications par ingestion accidentelle de benzine. (*Bulletin de la Société médicale des hôpitaux*, 20 février 1900.)

cence graisseuse du cœur, du foie, des reins, des organes du petit bassin et d'endothéliums des petits vaisseaux. Santesson étudia sur des lapins le mécanisme de l'intoxication, en utilisant la benzine du commerce, soit en applications cutanées locales, soit en injections sous la peau; il observait régulièrement un abaissement de température, des tremblements, une paralysie progressive, puis à l'autopsie de petites hémorragies dans les poumons et au niveau de la muqueuse gastro-intestinale.

Quelques mois après, MM. Lenoir et Claude rapportent en détail l'observation d'un cas mortel de purpura survenu chez un ouvrier teinturier âgé de 27 ans, soumis depuis plusieurs années à l'action quotidienne des vapeurs de benzine. Après avoir présenté des plaques ecchymotiques sous-cutanées. des taches purpuriques sur divers points du corps, des epistaxis, des hémorragies gingivales, le malade cachectisé succombe subitement. L'autopsie révèle un épanchement hémorragique de la plèvre, des infarctus myocardiques et sous-enidocardiques, des ecchymoses de la muqueuse de l'estomac et de l'intestin; et enfin deux foyers hémorragiques dans la couche optique et dans la région bulbo-protuberantielle.

En 1900, Peters confirme les idées de Quinquand par la relation d'un cas de névrite retro-bulbaire consécutive à une intoxication chronique par les vapeurs de benzine; il s'agissait d'une jeune fille de 16 ans atteinte de la manie bizarre de respirer chaque soir de la benzine avant de se coucher. L'amblyopie toxique se traduisait par des scotomes étendus qui disparurent complètement dans la suite, montrant que la névrite optique avait été peu profonde et facilement réparable.

Plus graves et plus diffuses furent les atteintes polynévritiques signalées en 1901 par MM. Soupault et Français chez des *ouvrières employées au nettoyage des gants*, avec un mélange de benzine et d'éther de pétrole, exposées par conséquent d'une façon permanente aux vapeurs délétères, et aussi peut-être à l'introduction du liquide toxique par voie cutanée, grâce aux gerçures dont leurs mains étaient couvertes.

Le travail de ces ouvrières consiste à plonger dans une cuve remplie d'une essence composée des gants qu'elles maintiennent immergés de la main gauche, tandis qu'elles le broyent de la main droite. Par son contact prolongé avec les mains, l'essence peut déterminer des excoriations, mais aussi, produit très volatil, elle émet des vapeurs qui pénètrent en grande quantité dans les voies respiratoires.

Ces malades présentèrent des phénomènes de polynévrites, caractérisés par l'existence de troubles moteurs assez vifs au niveau des membres inférieurs et consistant en une démarche spéciale dite « *steppage* », en l'abolition des réflexes rotuliens, en signe de Romberg, etc., aux membres supérieurs on nota une certaine diminution de la force, de la maladresse dans les mouvements à tel point que les malades saisissaient difficilement le dynamomètre, l'extension des doigts était très affaiblie surtout du côté droit et pour les trois derniers doigts; les mouvements devenaient tout à fait impossibles lorsque le poignet était relevé.

M. Dufour vient appuyer cette communication de documents chimiques recueillis dans les usines de Levallois-Perret où le benzotoluol, sorte de benzine mal épurée, engendre par ses vapeurs toxiques des accidents variés. C'est d'abord une ivresse gaie et bruyante qui se déclare chez les ouvrières; elle ne tarde pas à faire place à un état de dépression suivi de perte de connaissance et de mouvements convulsifs. La simple exposition à l'air suffit à dégriser les malades qui conservent un violent mal de tête. L'accoutumance se produit à la longue et d'autant plus aisément que la benzine est mieux épurée.

L'année suivante, Dorendorff décrit, dans tous les détails la maladie professionnelle des ouvriers qui utilisent la benzine pour travailler le caoutchouc. Douleurs dans les membres, le long des muscles et du trajet des troncs nerveux, parésie des extrémités, exagération des réflexes cutanés, nystagmus, dépression psychique, dysphasie, présence de pigment, libre dans le sang ou inclus dans les leucocytes; tels sont les symptômes qu'il mentionne. En outre, il put reproduire expérimentalement chez des cobayes des contractures puis constater dans leur moelle des lésions des cellules ganglionnaires, ainsi que des dépôts de pigment dans le plasma sanguin et au sein de leurs ganglions lymphatiques.

En 1902, Brindi rapporte trois cas d'intoxication par la benzine de pétrole, produit de distillation très différent de la benzine ordinaire; il décrit des phénomènes de nature assez fugace, avec accélération du poids.

A propos de la communication de MM. Soupault et Français, M. le docteur Duguet fut chargé d'un rapport par le Conseil d'hygiène du département de la Seine, et de ce rapport j'extrais quelques passages tout à fait intéressants et qui peuvent s'appliquer, je crois, à toutes les industries où l'on emploie la benzine.

Parmi les trois cas signalés par M. Soupault, dit en résumé M. Duguet, l'un a trait à une jeune femme nerveuse, bizarre, allant d'usine en usine. Les symptômes chez celle-là ont tout à fait disparu et assez rapidement; l'autre se rapporte à une ouvrière qui, après avoir travaillé à l'usine pendant une douzaine d'années, se portant bien jusque-là, s'est mise à se déranger et à boire.

Voici d'ailleurs comment les choses se passent dans ces usines (fabriques de gants) :

Quand des ouvriers ou des ouvrières débutent dans des ateliers semblables un grand nombre vomissent : ceux-là finissent par s'accoutumer à la benzine; ils en seront quittes, de temps en temps, pour des accès de gaieté ou d'exubérance qui se dissiperont rapidement au grand air, et l'intoxication n'ira pas plus loin. Mais il en est d'autres qui ne vomissent pas, qui deviennent sombres et qui finiraient par tomber dans les ateliers si on les y laissait. Ces derniers ne s'accoutumeront pas; aussi le directeur de l'établissement ne les garde-t-il pas, trop certain qu'ils deviendront malades.

On a noté :

Que les femmes très nerveuses ne s'accoutument pas;

Que les alcooliques font de même;

Que le lundi, les vapeurs de benzine sont moins bien supportées par les ouvriers en raison des libations de la veille, dont beaucoup ne se privent pas;

Que, par les temps d'orage ou avec les changements brusques de température, il en est de même; mais alors les ouvriers en sont quittes pour sortir plus souvent dans la cour où leur nervosité se dissipe en quelques minutes;

Que les sujets atteints autrefois de fièvres intermittentes sont incapables aussi de résister aux vapeurs de benzine;

Que les ouvriers qui se nourrissent bien résistent beaucoup mieux à l'intoxication;

Il y a donc des incompatibilités entre certains tempéraments d'ouvriers et les vapeurs de benzine, de même qu'il y a des prédispositions spéciales naturelles ou acquises qui favorisent l'intoxication. Ceci n'est sans doute point spécial à l'empoisonnement par la benzine et doit pouvoir s'appliquer à tous les empoisonnements et prend, en l'espèce, une importance de premier ordre.

Dans ces ateliers en question, on doit faire prendre aux ouvriers les mesures hygiéniques suivantes :

1° Protéger les mains des ouvriers et des ouvrières contre les ulcérations de la peau et la pénétration consécutive de la benzine par les ulcérations en les enduisant, préalablement à tout travail, d'une légère couche de glycérine souvent renouvelée, la glycérine étant insoluble dans la benzine. Les robinets des réservoirs à benzine sont eux-mêmes enduits de glycérine.

2° Aérer les ateliers largement et constamment, par le bas et par le haut, par le bas pour les temps froids, par le haut pour les temps chauds ou pour les pièces chauffées, attendu que les vapeurs de benzine s'échappent par en bas dans le premier cas et par en haut dans le deuxième.

L'intoxication par la benzine se produit surtout chez les *ouvriers des fabriques de benzine;* chez les *teinturiers* et chez les *dégraisseurs*, qui pratiquent le dégraissage des étoffes, tissus ou vêtements, au moyen de la benzine. Dans les teintureries, ce dégraissage s'opère en plongeant les étoffes dans de grands baquets remplis de benzine pure; après quoi on les sèche en les étalant sur une essoreuse, à laquelle on imprime un mouvement rapide de rotation. C'est surtout pendant cette opération que la volatilisation de la benzine a lieu et que les ouvriers en éprouvent tous les inconvénients.

Les mêmes accidents ont été constatés chez les *nettoyeurs de gants*, chez les *ouvriers qui préparent le caoutchouc*, quand on se sert de la benzine comme dissolvant.

L'expérimentation sur les animaux soumis aux inhalations de benzine donne lieu aux mêmes résultats que ceux observés chez l'homme. Après une courte période d'excitation, l'animal prend une démarche incertaine, fléchit d'abord sur le train de derrière et, après quelques mouvements convulsifs, tombe dans le coma qui peut durer 30 ou 40 heures, sans se terminer par la mort (J. Guyot).

Quant à l'anémie consécutive à l'action prolongée des vapeurs de benzine, on peut la rapporter à la désoxygénation continue des globules sanguins; une partie de la benzine absorbée s'éliminant par les poumons, l'autre s'oxydant aux dépens des globules, pour se transformer en phénol, en acide glycorunique ou en hydroquinone.

J'ajoute enfin ce détail, qu'à la toxicité de la benzine pure (benzol) s'ajoute celle plus redoutable de certains composés existant dans les produits industriels et commerciaux qui sont toujours impurs. Parmi ces composés il faut placer en première ligne les *méthyle* et *phényl-carbylamines* qui sont des poisons stupéfiants. Indépendamment de ces produits, les benzols bruts contiennent encore du sulfure de carbone (voir plus haut) et des carbures non saturés dont l'odeur est également désagréable, mais dont la toxicité n'est pas établie.

De l'anilisme professionnel.

Des renseignements précieux ont, en ces temps derniers, été fournis sur l'*anilisme professionnel* industriel (Riche, Le Roy des Barres), ce qui rend bien connue cette intoxication, en somme fréquente.

Il est peu d'ouvriers débutant dans les fabriques où l'on produit et où l'on met en œuvre de l'aniline qui n'en soient pas affectés; il y en a même chez lesquels l'accoutumance est à peu près impossible. Il n'est pas rare non plus de voir un ouvrier, habitué à un travail, éprouver de nouveau des accidents aniliques pendant les chaleurs, surtout par les temps humides. C'est une remarque faite aussi par M. Le Roy des Barres que l'intoxication se produit plus facilement et plus fréquemment par les temps chauds et humides et *notamment pendant les orages*. Ce fait, qui intéresse l'intoxication professionnelle industrielle, est à rapprocher des cas d'empoisonnement accidentels dus au port de chaussures jaunes teintes en noir par les couleurs d'aniline, accidents qui ne furent guère observés qu'en été pendant les fortes chaleurs (Landouzy et G. Brouardel).

Cependant on a cru fort longtemps à l'innocuité de l'aniline, et c'est à Ollivier, à Bergeron, puis à Layet, que l'on doit la connaissance de sa toxicité; ce qui tient à ce que l'on attribuait à la benzine, et surtout à la nitro-benzine, plus dangereuse que les deux autres, les effets observés, en raison de ce que les trois produits, existant généralement ensemble dans les fabriques, il était très difficile de faire la part de chacun d'eux.

Dans l'industrie, l'anilisme se déclare le plus ordinairement par la pénétration des vapeurs à travers les voies respiratoires au moment du chargement, du mélange, du déchargement des matières, et on observe alors le même tableau symptomatique que MM. Landouzy et Brouardel ont rencontré lors des intoxications par les chaussures, à savoir : *douleurs suborbitaires, nausées, cyanose à des degrés divers, somnolence, torpeur, affaissement général.*

Un ouvrier travaillant à préparer des indulines dans une fabrique des environs de Paris, déchargea son alambic avant un refroidissement complet. Il tomba comme une masse, inerte, cyanosé, grelottant. Après l'avoir réchauffé, on lui administra un bain acidulé par l'acide acétique, et on le promena à l'air pendant le reste de la journée, mais il dut être soutenu sous les épaules par deux de ses camarades.

On constate aussi souvent l'empoisonnement industriel par le contact du liquide avec la peau : lorsqu'un ouvrier transporte à la main ou au bras un seau d'aniline, s'il en coule des gouttes sur les vêtements, le frottement du tissu contre la peau détermine rapidement l'intoxication, mais il est à penser que le frottement a excorié la peau.

Le chimiste d'une usine d'Alsace, ayant brisé un flacon de 1 litre d'aniline, ce liquide se répandit sur ses vêtements. Il se déshabilla aussitôt, se lava avec soin et rentré chez lui, se mit au lit, mais l'absorption avait été suffisante pour qu'il restât indisposé pendant deux jours.

MM. Haeussermann et Schmidt ont signalé un seul cas mortel chez un ouvrier qui avait séjourné une demi-heure dans une chaudière renfermant plusieurs quintaux d'aniline additionnée d'oxyde de fer (Riche) (1).

M. Le Roy des Barres qui depuis 30 ans a été appelé à donner ses soins à plus d'une centaine d'ouvriers atteints d'anilisme professionnel, en a minutieusement étudié l'évolution.

L'évolution apparaît fréquemment avec une brusquerie singulière et elle se prolonge pendant une durée relativement longue. Quand l'action du poison paraît épuisée, elle se réveille quelquefois au bout d'une heure ou deux et même beaucoup plus tard; aussi est-il nécessaire, pour écarter tout danger, de tenir les victimes de cet empoisonnement à l'état de veille et de lutter sans répit contre le sommeil qui les saisit, car, pendant le sommeil, les symptômes qui s'étaient amendés et semblaient même avoir totalement disparu, reprennent une nouvelle acuité : telle la cyanose de la face, de la langue, des extrémités qui reparaît avec une intensité beaucoup plus grande.

D'autres fois, un ouvrier ayant quitté l'usine à la fin de sa journée avec des symptômes si légers d'intoxication qu'il avait pu dîner, n'a été pris que dans la nuit ou le lendemain matin d'accidents assez sérieux pour inspirer les plus vives inquiétudes.

Ces intoxications dans les anciennes conditions du travail étaient plus graves et plus fréquentes qu'aujourd'hui : le travail manuel, comme le port de brocs remplis d'aniline, a été en effet remplacé dans un grand nombre d'opérations, par des procédés mécaniques; les ateliers couverts où celles-ci s'exécutent, à des heures soigneusement choisies en été pour éviter une température trop élevée ne sont pas clos sur tous les côtés; le personnel chargé d'y travailler est l'objet, pour l'âge, d'une sélection spéciale et il y fait avant et au cours de ces opérations, usage de café noir additionné d'acétate d'ammoniaque.

Parmi les industries qui exposent plus particulièrement l'ouvrier à l'anilisme il faut placer les *fabriques d'aniline*. Dans cette industrie, ce sont surtout les ouvriers employés à nettoyer les chaudières qui présentent des acci-

---

(1) Comptes rendus du Conseil d'hygiène publique, 1902.

dents de ce genre (cas de Haeussermann et Schmidt rapporté plus haut). Les accidents d'anilisme peuvent se rencontrer aussi, quoique avec une bien moindre fréquence, chez les ouvriers *teinturiers*, dans l'industrie de la teinture des laines où l'on emploie l'aniline, chez ceux employés à la fabrication des couleurs d'aniline ou chez les ouvriers des fabriques de pilou ou velours de coton imprimé avec le chlorhydrate d'aniline.

Accidents produits par les vapeurs de pétrole.

Deux mots seulement des accidents professionnels produits par les vapeurs de pétrole :

Les ouvriers, soumis aux émanations du pétrole dans des locaux étroits et mal ventilés, présentent souvent à la fin d'une journée passée auprès des réservoirs de dépôt, des vertiges, de la titubation, parfois des troubles respiratoires. Ces accidents s'observent surtout dans les *distilleries et raffineries de pétrole*, surtout chez les ouvriers employés au lavage des pétroles bruts, au nettoyage des réservoirs et des canalisations.

Des symptômes d'*asphyxie rapide* peuvent survenir. Wemberger, cité par Hirt (1878), a signalé deux cas d'empoisonnement aigu, occasionnés par les vapeurs de pétrole (1).

Wielczyk (1886), qui a observé, chez des *ouvriers de mines de pétrole*, dans les Carparthes, affirme que les cas d'asphyxie ne sont pas rares dans les puits d'exploitation.

Les expériences de Judell (1876), de Lewin (1879), de Schroff (1881), ont montré que l'éther de pétrole, c'est-à-dire la portion la plus légère, agit sur le sang, en mettant l'hémoglobine en liberté. Des accidents graves d'intoxication ont été relatés, comme ayant eu lieu chez des hommes séjournant à bord des bateaux chargés de pétrole. L'anémie professionnelle des ouvriers pétroliers est très analogue à celle causée par les vapeurs provenant de la distillation du goudron.

Accidents professionnels produits par la distillation du goudron.

Les accidents ici encore consistent en troubles fonctionnels d'origine nerveuse et en troubles de nutrition générale d'origine anémique. Ce sont : la céphalalgie, des vertiges, des nausées, des bourdonnements d'oreille, des palpitations cardiaques, de l'hyperesthésie, des fourmillements, des crampes, de la parésie musculaire; de la teinte cyanosée ou hémaphéique de la peau; des modifications dans l'odeur et la coloration des urines; des troubles respiratoires et sensoriels.

---

(1) Encyclopédie d'hygiène et de médecine, T. VI, 1897, page 530.

Ils se rencontrent :

Chez les *ouvriers employés à la distillation du goudron minéral;*
Chez les *ouvriers en brai ;*
Chez les *ouvriers des fabriques d'agglomérés;*
Chez les *goudronneurs de boulons ;*
Chez les *fondeurs de bitume ;*
Chez les *ouvriers en paraffine.*

Accident professionnel produit par les vapeurs de térébenthine.

On peut les rencontrer chez les ouvriers employés :

Dans l'*industrie du vernis*, dans laquelle la térébenthine est utilisée comme dissolvant des résines;

Dans les *fabriques aux appareils de distillation* et dans les *dépôts d'essence* en gros;

Chez les *peintres* sur porcelaine et sur verre; chez ceux qui emploient la térébenthine comme dissolvant des laques colorées;

Chez les *teinturiers*, qui l'emploient pour la coloration des étoffes et des toiles;

Chez les *ébénistes*, qui s'en servent dans le vernissage des meubles;

Chez les *ouvriers en caoutchouc*, qui y ont recours comme dissolvant;

Chez les *dégraisseurs*, les *ferblantiers*, les *fabricants de cire à cacheter.*

L'inhalation répétée ou continue de vapeurs d'essence de térébenthine provoque chez les ouvriers qui les respirent une sorte d'intoxication chronique caractérisée par de l'amaigrissement et des troubles nerveux : céphalalgie, insomnie, vertiges, torpeur.

Il faut ajouter à la liste des professions atteintes la relation intéressante d'un fait d'intoxication, à bord d'un navire, par un chargement d'essence de térébenthine (1).

L'auteur rapporte l'observation d'un matelot atteint de néphrite grave dans les conditions suivantes : le navire avait pris dans le port de Hambourg un chargement de tonneaux pleins d'essence de térébenthine; ces tonneaux avaient été placés non seulement dans la cale du bateau, mais encore sur le pont et même dans le poste de l'équipage. Les vapeurs de térébenthine, en s'exhalant, intoxiquèrent un homme sur les quatre qui se trouvaient à bord.

Les symptômes observés furent : diminution de la quantité d'urine, douleur à la miction, hématurie et odeur persistante de violette se manifestant surtout pendant la respiration. Ces symptômes apparurent deux jours et demi après que le chargement incriminé avait été embarqué. La durée de la maladie fut d'une dizaine de jours.

---

(1) *Otto Archiv für Schiffs und Tropen-hygiene*, septembre 1902.

Ces cas d'intoxication par l'essence de térébenthine, avec pareils symptômes, sont loin d'être rares à bord des navires qui prennent ces sortes de chargement dans le port de Hambourg; ils ont déjà été signalés à plusieurs reprises.

Il faudrait, pour empêcher ces accidents, que l'essence de térébenthine fut toujours embarquée dans des tonneaux de fer pour les petites quantités et dans des réservoirs métalliques semblables à ceux employés pour le pétrole pour les grandes quantités. En tous cas, aucune partie de ces chargements ne devra être placée dans les postes d'équipage ou à leur proximité.

LES INTOXICATIONS PROFESSIONNELLES

PAR

L'HYDROGÈNE SULFURÉ.

RAPPORT PAR M. LE Dr **COURTOIS-SUFFIT**,

MÉDECIN DES HÔPITAUX, MÉDECIN EN CHEF DES MANUFACTURES DE L'ÉTAT.

Décrire les accidents causés par l'hydrogène sulfuré au point de vue spécial, dont je dois m'occuper ici, c'est-à-dire au point de vue de l'*incapacité du travail permanente ou temporaire,* est à mon avis, pour le moins, très difficile.

Si, en effet, à première vue et théoriquement, il peut paraître tentant et presque logique de comparer les désordres que provoque l'hydrogène sulfuré à ceux qu'engendrent d'autres agents toxiques, le phosphore, le plomb, l'arsenic, par exemple, et de décrire le *sulfhydrisme* — ce terme est couramment employé — à côté du phosphorisme, du saturnisme, ou de l'arsénicisme...; dès que l'on regarde les faits d'un peu près on voit que cette assimilation est impossible et que, s'il existe une pathologie relativement précise des grandes intoxications que je viens de citer, il n'existe pas et il ne peut pas exister de pathologie du sulfhydrisme.

Je vois à l'impossibilité de la description clinique du sulfhydrisme deux raisons :

a) La première tient à la toxicité extrême de l'hydrogène sulfuré;

b) La seconde tient à l'extrême rareté de l'action *isolée* de l'hydrogène sulfuré.

a. — Il est écrit partout, en effet, que l'hydrogène sulfuré est puissamment toxique lorsqu'il est introduit dans les voies respiratoires. On indique qu'un oiseau succombe immédiatement dans une atmosphère de 1/1500 et que les chiens ne supportent pas une atmosphère de 1/100.

Brouardel et Loye ont trouvé que l'hydrogène sulfuré est mortel à la dose de 0,12 p. 0/0; et que des chiens sont morts en trois minutes dans une atmosphère contenant 2 p. 0/0 d'hydrogène sulfuré; après 17 à 50 minutes dans un milieu à 0,5 p. 0/0.

b. — Presque toujours les gaz qui déterminent les accidents sont des mélanges fort complexes et il est fort probable que l'on met très souvent sur le compte de l'hydrogène sulfuré des asphyxies qui sont dues à d'autres gaz et notamment à l'acide carbonique.

Dans les fosses d'aisance où communément se font les asphyxies par l'hydrogène sulfuré, il y a en même temps que ces gaz des vapeurs de slufhydrate d'ammoniaque et aussi des vapeurs ammoniacales (1).

Les émanations gazeuses des égouts ont été soumises aux analyses chimiques les plus variées; on y a trouvé l'acide sulfurique, le sulfhydrate d'ammoniaque, l'acide carbonique, l'acide nitreux, parfois de l'hydrogène carboné et divers produits organiques.

La rareté de l'action isolée de l'hydrogène sulfuré se retrouve ailleurs. Consulte-t-on, en effet, la liste des professions qui sont actuellement considérées comme donnant naissance aux accidents du sulfhydrisme, on voit qu'il s'agit presque toujours de manipulation de substances complexes. Je copie textuellement la liste des opérations industrielles susceptibles de mettre l'ouvrier en présence d'un dégagement de gaz sulfhydrique (Layet, *in.* « *Poison industriel* »).

Le bronzage en noir des métaux : pour lequel on emploie le sulfure d'arsenic.

Le nettoyage des chaudières à vapeur : dans lesquels la décomposition de l'eau en présence des matières organiques donne lieu à la formation de gaz sulfhydrique;

Le nettoyage des hauts fourneaux.

Le travail des savonneries : où l'on consomme de la soude brute chargée de sulfures.

Le travail des tanneries : où l'on emploie la chaux qui provient des usines à gaz, chaux toujours riche en sulfure de calcium et en acide sulfhydrique.

La préparation du bleu de Prusse : dans la décomposition du cyanoferrure de potassium par le sulfate du fer.

Le travail des raffineries : lors de la revivification du noir animal.

Le travail des fabriques de produits chimiques, où l'ammoniaque liquide est transformée en sulfate et en chlorure d'ammonium.

Les opérations des usines métallurgiques, où l'action des acides sur les pyrites développe des vapeurs d'acide sulfhydrique.

Emploi du mastic comprenant du soufre et du sel ammoniac.

En dehors de ces diverses opérations industrielles l'ouvrier peut encore être exposé aux émanations sulfhydriques qui forment l'élément particulièrement nocif du méphitisme des égouts et des fosses d'aisance.

Dans tous les cas, si l'on met en face des différentes professions les accidents que l'on a donnés comme ressortissant à elles, on ne trouve que des signes vagues, mal déterminés et incertains, sur lesquels il est impossible d'asseoir un jugement médical précis.

---

(1) On a d'ailleurs beaucoup exagéré la quantité d'hydrogène sulfuré qui existe dans les fosses d'aisance et dans d'autres milieux où pourrissent des matières animales. Ayant eu l'occasion d'analyser l'air de deux fosses non vidées depuis plusieurs mois, Ogier n'a pas trouvé la moindre trace d'hydrogène sulfuré.

Que se passe-t-il dans l'empoisonnement par le plomb, par exemple ? D'où que vienne l'intoxication, les symptômes sont identiques. On peut, à la simple vue d'un malade, formuler en diagnostic net et de l'effet remonter à la cause. Il n'en va certes pas de même dans l'intoxication par l'hydrogène sulfuré.

On trouve seulement décrite, en effet, une forme *lente* d'empoisonnement par pénétration dans les appartements des gaz de fosses d'aisance non complètement étanches et de construction défectueuse, empoisonnement dont la forme symptomatique est mal dessinée et dont l'origine est rarement décelée.

Je ne crois donc pas qu'il existe — ou *plus exactement je n'ai pas rencontré* — de faits d'*intoxication lente* d'origine professionnelle par l'hydrogène sulfuré et j'estime que Patrie a raison quand il dit qu'en Angleterre dans les usines métallurgiques et dans les fabriques de produits chimiques on n'observe aucun accident particulier parmi les ouvriers, encore que les pièces de monnaie qu'ils ont sur eux deviennent toutes noires.

Je pense donc que l'empoisonnement par l'hydrogène sulfuré *est presque toujours accidentel et suraigu.* Les exemples sont, de cette espèce, nombreux chez les ouvriers qui travaillent dans les fosses d'aisance, dans les usines à gaz et dans les égouts. Des intoxications par l'hydrogène sulfuré ont eu lieu dans plus d'un laboratoire (1).

Je n'insisterai pas très longuement sur les conditions dans lesquelles se produisent les asphyxies par les gaz des fosses d'aisance. Qu'on se souvienne seulement que ce sont les vidangeurs qui, en vidant les fosses, sont victimes, soit au début, soit à la fin de leur travail, d'un accident que l'on a coutume d'appeler avec eux le « coup de plomb ».

Autrefois (Brouardel : *Les asphyxiés*) on vidait la fosse avec des seaux; aujourd'hui on se sert d'un appareil que nous connaissons tous et qui s'appelle le *système barométrique.* Cet appareil est constitué par un grand tonneau métallique dans lequel le vide est fait à l'usine ou sur place. Ce tonneau est amené devant la maison dans laquelle la vidange doit être pratiquée, le tube qui en part est plongé dans la fosse, un fourneau incandescent est placé de façon qu'il brûle tous les gaz dans son foyer. Mais pour que cet appareil fonctionne, il faut que les liquides et les solides contenus dans la fosse soient bien mélangés à l'état pâteux. Cette opération nécessite un brassage. La pierre qui recouvre l'orifice de la fosse est descellée, et les ouvriers, à l'aide de perches ou de pelles, démolissent le chapeau. Cette manœuvre est l'occasion d'un très fort dégagement de gaz qui s'échappent par la pierre ouverte et qui peut amener chez les ouvriers, placés près d'elle, de véritables accidents d'intoxication.

Le brassage terminé, on met la machine en marche et l'aspiration des

---

(1) Garnier a donné la relation d'un empoisonnement par l'hydrogène sulfuré, ou plutôt par le sulfhydrate d'ammoniaque, chez trois ouvriers qui travaillaient dans l'intérieur d'une chaudière à boucher un joint avec un mastic composé de soufre, limaille de fer, sel ammoniac, mélange qui, dans certaines conditions, peut dégager du sulfhydrate; l'un de ces hommes mourut; chez les deux qui survécurent on observa du pyriosis et de l'engourdissement des membres.

matières se fait — en termes de métier cette manœuvre s'appelle l'*allège*. Quelquefois on se contente d'une allège, mais au bout d'un certain nombre de ces allèges on est bien obligé de faire le *rachèvement*, c'est-à-dire le nettoyage complet de la fosse. Un ouvrier descend dans la fosse avec un seau, une pelle et même une pioche, car la croûte qui tapisse les murs est souvent très dure. — Ces ouvriers, les règlements l'exigent, ne devraient jamais descendre dans une fosse sans avoir revêtu une bricole. Mais ils négligent souvent cette précaution et c'est là qu'est le grand danger, car un premier accident en entraîne fatalement un autre. Si un ouvrier est pris par le plomb pendant le rachèvement, ses camarades descendent l'un après l'autre pour le secourir et il n'est pas rare de compter ainsi plusieurs victimes.

En termes du métier, il y a le plomb d'entrée qui correspond au moment du brassage et le plomb de sortie qu'on observe pendant le rachèvement.

Une troisième personne peut encore être frappée, c'est l'inspecteur qui doit descendre dans la fosse deux jours après qu'elle a été vidée, pour s'assurer si elle est en bon état. Mais les parois sont couvertes d'un enduit graisseux qui dégage des quantités considérables d'hydrogène sulfuré; si l'inspecteur ne fait pas renouveler l'air de la fosse avant d'y pénétrer, il se trouvera tout à coup dans une atmosphère irrespirable, et, à son tour, pourra être frappé « du plomb ».

Il est donc évident que si l'accident arrive à des ouvriers, il est rarement unique. En effet, les ouvriers placés autour de l'ouverture de la fosse, voient tout à coup leur camarade occuper au rachèvement tituber et tomber; s'il est muni de la bricole, on le remonte; la plupart du temps il n'a pas voulu s'assujettir à cette précaution; un camarade, attaché celui-là, descend pour le remonter, et tombe pendant qu'il est encore sur l'échelle, on le retire, un autre prend sa place; il y a souvent 3 ou 4 victimes et quelquefois 2 ou 3 morts.

Quels sont donc les signes de cette asphyxie, de cette intoxication ?

La marche de l'intoxication brusque est tellement rapide que les ouvriers sont foudroyés d'un seul coup. « Tous les muscles sont immobilisés, dit M. Brouardel, la perte de connaissance est complète, les pupilles sont extrêmement dilatées; puis surviennent quelques convulsions dans les membres, des contractures que suivent le coma et la mort (1).

Si l'ouvrier est retiré à temps, on peut le rappeler à la vie, même quand il

(1) On peut, par expérimentation, se rendre mieux compte de la succession des phénomènes :

On constate d'abord une énorme dilatation de la pupille; l'œil est en exophtalmie, le réflexe pupillaire disparaît. La dilatation est persistante; elle diminue un peu quelques instants avant la mort, mais elle reprend presque immédiatement toute son énergie. La perte de la sensibilité coïncide avec la dilatation pupillaire; elle semble diminuer avec elle. Les membres sont contracturés dans l'extension : la circulation est très ralentie. Les battements du cœur tombent de 60 à 40. Au début les mouvements respiratoires ont une grande amplitude; ils diminuent peu à peu et cessent au bout de 30 secondes. Cet arrêt dure environ une minute, puis on voit revenir de grandes respirations qui mettent en jeu tous les muscles du thorax; puis la fréquence de la respiration diminue jusqu'à la mort.

est déjà dans le coma, au moyen de la respiration artificielle et des tractions rythmées de la langue. Et alors, ou bien il revient tout à fait à la vie, sans présenter d'accidents consécutifs; ou bien il SEMBLE revenir à la vie, mais pour un temps seulement, et il succombe deux ou six heures après l'accident avec tous les symptôme du catarrhe suffocant.

Le résultat est le même au point de vue de la responsabilité du patron ou des compagnies d'assurances.

Nous avons dit que l'on avait décrit une forme lente due presque toujours à la pénétration dans les appartements de gaz d'une fosse d'aisance. Rien de net au point de vue clinique. Les individus sont pris de malaises, d'inappétence, de coliques douloureuses, de vomissements, d'entéralgie; ils peuvent s'amaigrir et tomber dans un véritable état cachectique. Ce sont là des signes banals que l'on n'attribue pas toujours à leur véritable cause, et il est difficile, même en les groupant, d'en faire la caractéristique du sulfhydrisme.

Les ouvriers qui sont asphyxiés par les gaz des égouts succombent de la même manière que les vidangeurs, par le plomb.

L'intoxication par l'hydrogène sulfuré peut se faire non plus par les voies respiratoires, mais par les voies digestives. Lorsque des matières fécales sont ingérées, alors même qu'elles ne contiennent pas de germes spécifiques, elles peuvent déterminer des accidents cholériformes (1).

Ce sont là des faits d'extrême rareté sur lesquels il est impossible d'établir une règle précise.

En résumé, *l'intoxication par l'hydrogène sulfuré se manifeste dans la très grande majorité des cas par un accident aigu et presque toujours mortel* « le coup de plomb ».

La mort se produit soit au moment même de l'accident soit quelques heures après. Si l'ouvrier ne meurt pas, il ne semble pas qu'il garde de traces durables de l'accident.

Les signes d'une intoxication chronique par l'hydrogène sulfuré dite « sulfhydrisme » sont au moins douteux.

---

(1) Je ne puis citer à l'appui de ce mode d'intoxication que le fait rapporté par Brouardel dans son livre sur les asphyxiés :

« C'était en 1884. Au moment où nous étions en séance au Comité d'hygiène, une dépêche « vint nous avertir que le choléra venait d'éclater dans une école à Asnières et que 32 petites « filles étaient atteintes. M. Grancher partit aussitôt pour Asnières, se rendit à l'école signalée « et constata que les enfants avaient des vomissements, des crampes, de la cyanose, en un « mot tous les symptômes du choléra sauf l'anurie. L'épidémie dura le 19 et le 20 décembre; « tout ce petit monde en fut heureusement quitte pour la peur. M. Grancher, en faisant son « enquête, apprit que la fosse d'aisance de l'école avait été vidée la nuit précédente. L'école « était mal tenue, l'hygiène y était déplorable. M. Grancher s'enquit de l'alimentation en « eau potable de cette école. On lui montra dans le jardin une fontaine ou plutôt une mare « alimentée par un petit ruisseau qui venait de je ne sais où. Or, les ouvriers vidangeurs, « après avoir terminé leur besogne, avaient lavé leurs mains et leurs outils dans l'eau de cette « mare, ils ne pouvaient vraiment pas se douter qu'ils contaminaient une fontaine dont les « petites filles boiraient l'eau le lendemain. Aucune d'elles n'est morte, mais quelques-unes « ont été extrêmement malades. »

LES MALADIES PROFESSIONNELLES

CAUSÉES PAR

QUELQUES GAZ ET VAPEURS VÉNÉNEUX OU CAUSTIQUES,

RAPPORT PAR M. LE Dr **A. LE ROY DES BARRES**,

MEMBRE DU CONSEIL D'HYGIÈNE PUBLIQUE ET DE SALUBRITÉ DE LA SEINE.

I.

Les vapeurs et gaz vénéneux ou caustiques produisent surtout des intoxications massives, la plupart du temps de très haute gravité, qui précisément, en raison de leur brusque apparition, sont classées déjà au nombre des accidents du travail.

Ces gaz et ces vapeurs que renferme l'atmosphère des ateliers peuvent exercer leur influence nocive sur les ouvriers de très nombreuses industries soit en attaquant l'économie tout entière, par absorption, déterminant ainsi des symptômes d'empoisonnement, soit par action topique irritante, ou bien même par ces deux procédés à la fois. Il en est ainsi notamment pour les ouvriers employés à l'extraction du soufre des pyrites.

Quant à la forme lente ou chronique de ces intoxications, leurs caractères en sont quelquefois bien vagues, et il est réellement difficile jusqu'ici, dans nombre de cas, malgré les descriptions qui pour certaines d'entre elles ont été données, de remonter avec une certitude suffisante des symptômes dont elles seraient l'origine à leur véritable cause, et d'établir par conséquent pour elles leur caractère exclusivement professionnel.

Dans cette étude, laissant de côté ce qui concerne l'acide sulfhydrique dont l'action toxique a fait l'objet d'un rapport spécial de M. Courtois-Suffit, nous allons passer en revue les maladies professionnelles auxquelles peuvent donner naissance l'acide sulfureux, l'acide hypoazoteux, l'acide azoteux et les vapeurs d'acide azotique, l'acide chlorhydrique, le chlore, le brome, l'iode, l'acide fluorhydrique, l'acide carbonique et l'oxyde de carbone.

II.

Vapeurs sulfureuses.

Suivant leur degré de concentration les vapeurs d'acide sulfureux agissent d'une façon différente et plus ou moins fâcheuse, à la manière des acides minéraux, soit directement, soit après oxydation.

Selon Ogata, médecin japonais, l'acide sulfureux accapare l'oxygène des globules sanguins pour se transformer en acide sulfurique.

Si, quand l'acide sulfureux est respiré dans une importante proportion (intoxication massive) son influence devient dangereuse (danger qui tiendrait, suivant Eulenberg, à une addition de vapeurs arsenicales ou nitreuses), la quantité qui en est le plus habituellement répandue dans l'atmosphère des fabriques, pendant le séjour des ouvriers, n'est pas telle en général, qu'elle puisse sensiblement altérer leur santé.

Les effets que ceux-ci en éprouvent se bornent de coutume à une action locale, irritante, sur les voies aériennes, et encore celle-ci s'affaiblit-elle même avec le temps par une sorte d'assuétude.

Ainsi une atmosphère renfermant même jusqu'à 7 p. 100 d'acide sulfureux ne produirait pas, d'après Hirt, de troubles respiratoires, mais un simple allanguissement des fonctions digestives.

De la céphalalgie, une toux fatigante revenant par quinte, accompagnée d'oppression ou d'étouffements plus ou moins violents, des hémoptysies, de l'emphysème pulmonaire, puis du catarrhe chronique des bronches, des broncho-pneumonies, de l'inappétence, des angines, des maux d'estomac et des coliques traduisant une dyspepsie plus ou moins intense, constituent avec les ophthalmies, le cortège symptomatique des lésions que déterminent les vapeurs sulfureuses.

Il s'agit donc là, en réalité, de troubles communs, pour la plupart d'ailleurs, à l'action des dégagements acides sur l'organisme. Leur mode de production repose sur l'irritation directe des muqueuses, l'excitation des pneumogastriques et les altérations dues à la transformation, au sein des tissus et des humeurs, de l'acide sulfureux en acide sulfurique.

Ces localisations, à évolution subaiguë ou lente, déterminées sur différents appareils, ne forment pas une entité morbide bien définie et ne sont pas, nous le reconnaissons, pathognomoniques de l'agent qui les engendre, mais on peut cependant, pensons-nous, en raison de leur enchaînement et de la fréquence relative avec laquelle on les rencontre chez les ouvriers de certaines industries à émanations sulfureuses, les rattacher assez souvent avec quelque certitude à leur véritable cause. Ce diagnostic étiologique, de réelle difficulté jusqu'ici, deviendra plus facile quand, dans chacun des établissements, un registre sanitaire fournira des renseignements circonstanciés sur les antécédents et les occupations spéciales des ouvriers qui y sont attachés, et peut-être sera-t-il alors possible de considérer ces manifestations morbides comme symptomatiques d'une maladie exclusivement professionnelle.

Nous citerons, parmi ces professionnels, les fabricants de chapeaux de paille, très sujets à la broncho-pneumonie, pour lesquels la substitution de l'eau oxygénée au procédé ancien sera très favorable; les blanchisseurs de soie, de laine, de plumes, de duvet, de soies de porc et de sanglier, de crins à pêcher, de cordes harmoniques, de boyaux, de baudruche, de colle de poisson, etc.; les ouvriers occupés à l'extraction du soufre, à l'exploitation des pyrites, au grillage des sulfures métalliques, au traitement des marcs de soude, à la fabrication du sulfite de sodium, du bleu d'outre-mer, de l'acide sulfureux liquide; ceux des ateliers d'affinage des métaux, du trempage au soufre; les tonneliers, les désinfecteurs.

III.

Vapeurs nitreuses.

Ces vapeurs, qui sont un mélange complexe de vapeurs d'acide azoteux, d'acide hypoazotique et de divers oxydes d'azote, exercent sur les ouvriers d'industries assez nombreuses une action fort funeste.

Elles déterminent des intoxications aiguës (intoxication massive) observées surtout dans les usines où l'on fabrique l'acide picrique, la nitro-benzine; chez les affineurs de métaux, les étameurs, les secréteurs, quand ces derniers préparent eux-mêmes le nitrate acide de mercure.

Ces intoxications aiguës qui toutes relèvent des accidents du travail ont été récemment l'objet d'un travail intéressant dans lequel M. Montagné (Thèse de Paris 1901) a pu réunir trente-huit observations.

Au nombre de celles-ci s'en trouvent quatre, rapportées par Tardieu, qui ont été récueillies, en 1864, sur des ouvriers d'une usine de Saint-Denis où se fabrique, parmi d'autres produits, l'acide sulfurique, et dans laquelle depuis, pareil accident ne s'est pas reproduit.

En raison de leur causticité ces vapeurs déterminent de la rougeur de la peau et elles provoquent une vive irritation des bronches et des poumons sous l'influence de laquelle une congestion pulmonaire ou une bronchite capillaire apparaît. En proie à une toux violente avec dyspnée très accusée le malade peut succomber dans un accès de suffocation ou à la suite d'accidents congestifs vers le cerveau.

Dans cette intoxication le bioxyde d'azote, l'un des gaz constitutifs de ces vapeurs, se combine avec l'hémoglobine en déplaçant l'oxygène de la combinaison qu'il contracte avec celle-ci.

Ainsi se trouvent réunies les trois conditions compromettant le jeu normal de la respiration, comme le fait remarquer Brouardel, dans son ouvrage sur les asphyxies : manque d'oxygène, altération des globules sanguins, arrêt de la circulation de l'air.

Pour montrer la gravité de cette intoxication il suffit d'indiquer que sur les trente-huit cas réunis par Montagné dix-neuf se sont terminés par la mort.

Le travail dans un milieu renfermant une quantité de vapeurs peu abondantes produirait une *intoxication chronique* à en juger par un fait observé en 1865 par Eulenberg sur un employé de télégraphe intoxiqué par une batterie alimentée par l'acide azotique.

Rappeler ce fait exceptionnel c'est affirmer que cette forme d'intoxication ne doit pas figurer au rang des maladies professionnelles au point de vue spécial que nous envisageons.

IV.

Vapeurs chloreuses et hydro-chloreuses.

A. Les vapeurs de chlore sont très irritantes, et tout sujet en ayant inspiré de grandes quantités en une seule fois, au cours de certaines opérations où le chlore se dégage en excès (fabrication de l'eau de javelle, blanchiment de la pâte à papier), tombe comme foudroyé avec des phénomènes de dyspnée intense et peut même succomber rapidement (intoxication massive). Il survient chez lui de la cyanose, des sueurs froides, des vomissements; son pouls devient petit, et jusqu'à la mort persiste une grande prostration.

Lewin (1) cite sept cas recueillis dans la littérature médicale et terminés dans ces conditions. La mort, dans ces circonstances, ainsi que Layet l'a dit, arrive sous l'influence de l'irritation locale avant que l'asphyxie se manifeste par altération du sang.

Dans nombre de cas aigus, de réelle gravité cependant, la guérison a pu être obtenue quand l'ouvrier a été retiré immédiatement de l'atmosphère chlorée. Peu à peu alors la congestion pulmonaire qui s'était produite se dissipe; avec ses râles fins et crépitants, les crachements de sang, les accès de suffocation et la toux quinteuse qu'elle détermine, celle-ci cependant en a imposé parfois pour une pneumonie.

Les ouvriers, dans des circonstances plus nombreuses, n'éprouvent que des troubles passagers : coryza, céphalalgie, gonflement de la face, larmoiement, conjonctivite, vomissements, picotements de la gorge, accès de toux sèche, suffocation avec sensation de serrement de la poitrine et hémoptysies d'où peut résulter une interruption de travail, mais il faut retenir qu'un ouvrier ayant respiré à plusieurs reprises dans une atmosphère de chlore peut plus tard, sans qu'il ait d'abord souffert au-delà de quelques heures, ainsi que l'indique Lewin, finir par sucomber à l'influence fatale de ce gaz.

Si donc le chlore en faible quantité n'est pas très dangereux, bien qu'il mette l'hématose en souffrance, et si le travail est possible dans une atmosphère dont la teneur est de 0,001 pour 1,000, celui-ci avec un taux de 0,004 pour 1,000 devient tout à fait impossible, d'après Matt cité par Lewin.

Dans la préparation du chlorure de chaux par électrolyse du chlorure de sodium, les ouvriers chargés de réparer les fuites aux conduites de chlore et de recueillir le chlorure de chaux ne sont pas très intoxiqués. Ils

(1) Lewin. — Traité de toxicologie. — Paris, 1903.

seraient néanmoins exposés, ainsi que le signale P. Fumouze (Th. de Paris 1901), aux accidents suivants : conjontivite, laryngite, bronchite, amaigrissement et gastrite.

Malgré l'assuétude des voies pulmonaires, qui met dans une certaine mesure à l'abri de l'irritation locale, les ouvriers travaillant pendant des années dans une atmosphère de chlore perdent leur aspect florissant d'autrefois, leur teint devient d'une pâleur verdâtre et ils vieillissent d'une manière précoce. Lewin, à ce sujet, avance en outre que 40 à 50 p. 100 de ces ouvriers tombent malades tous les ans, pour la plupart atteints de catarrhe aigu des voies respiratoires ou de gastralgie avec pyrosis.

Avec une morbidité semblable, bien que nous n'ayions pas trouvé sur ce point de statistique française, ne serait-on pas porté à reconnaître à ces affections subaiguës ou chroniques qui, de leur fait, déterminent l'incapacité de travail, le caractère d'une maladie professionnelle? Ajoutons que le chlore peut exercer une action locale sur la cornée et, pour ce motif, obliger aussi à une suspension de travail.

B. L'homme ne supporterait pas un séjour de plus d'une minute dans une atmosphère contenant 1 p. 1,000 d'acide chlorhydrique (intoxication massive).

Le taux-limite de tolérance de vapeurs hydro-chloreuses pour Lehmann, que cite Lewin, serait de 0,10 à 0,15 p. 1,000. Celles-ci se trouvent donc avoir sur l'organisme une action moins énergique que celle constatée pour le chlore, ce qu'il faudrait, selon Bouis, attribuer à leur grande solubilité mettant obstacle à leur facile pénétration dans les voies respiratoires.

Aussi, dans les industries donnant lieu au dégagement de vapeurs chlorhydrées (fabrication du chlore, de l'acide chlorhydrique, des chlorures, etc.), sous l'influence desquelles peuvent également se produire des lésions de la cornée, au lieu de l'intoxication aiguë (intoxication massive) que déterminent fréquemment les vapeurs chloreuses, constate-t-on surtout les effets d'une intoxication lente.

Celle-ci, caractérisée par de la pâleur, de l'amaigrissement, de l'anhélation, de la gastralgie et des troubles intestinaux, s'observait d'une manière spéciale autrefois chez les ouvriers employés à la préparation de la soude artificielle; en pareil cas les dents, ramollies par destruction des éléments calcaires, sous l'influence de l'acidité de l'atmosphère, deviennent translucides, se cassent en laissant un chicot noir; semblables désordres, mais d'intensité moindre, ont été observés chez les ouvriers blanchisseurs de fils et tissus de chanvre, de lin ou de jute, mais ceux-ci, en raison des dégagements particulièrement abondants de vapeurs hydrochloreuses, sont assez fréquemment sujets à des accès de suffocation et à des hémoptysies. Il en est de même pour les ouvriers des fabriques de poteries, de l'industrie de la nacre, pour ceux occupés à l'étamage des métaux ou à la galvanisation du fer.

Ici les caractères de l'intoxication chronique sont plus nets, et l'action des vapeurs chlorhydrées sur le développement d'une maladie professionnelle serait-elle plus facile à accepter.

V.

Vapeurs de brome.

Abondantes, les vapeurs de brome peuvent provoquer des accidents graves d'intoxication (intoxication massive).

Lewin en trace le tableau symptomatique suivant : coloration brune autour de la bouche, conjonctivite, coryza, salivation, suffocation, toux, bronchite, raucité de la voix, asthme bronchial. Après la disparition de ces phénomènes, il peut survenir plus tard des troubles de la déglutition, des troubles gastriques, des exanthèmes pruriginеux ou encore des grincements de dents, des secousses musculaires; ensuite dyspnée avec angoisse, palpitations, tressaillements des tendons, convulsions généralisées, perte de connaissance et, le cas échéant, la mort.

Cette intoxication rappelle, on le voit, par plus d'un caractère celle que produit le chlore; les quantités d'ailleurs de brome qui peuvent être supportées dans les ateliers correspondent également à celles indiquées plus haut pour les vapeurs chloreuses. Ajoutons que dans les usines où l'on manie le brome les ouvriers s'adonnant à la boissson sont souvent atteints de pneumonie (Lewin).

Les vapeurs de brome et d'acide bromhydrique gazeux produisent par inhalation, même à quantité très minime, des troubles fréquents mais peu graves observés à peu près exclusivement sur les chimistes ou les fabricants de produits chimiques, consistant surtout en corrosions locales et en accès de suffocation et de dyspnée.

A côté de l'intoxication aiguë et massive, qui relève de la loi sur les accidents du travail, il n'y a donc pas lieu d'appliquer à ces troubles, en raison de leur peu de gravité, la qualification de maladie professionnelle.

VI.

Vapeurs d'iode.

Les vapeurs d'iode peuvent produire des empoisonnements aigus (intoxication massive), rares et presque jamais mortels, connus sous le nom de fièvre iodique, et caractérisés par la céphalée, des vertiges, une sorte d'ivresse avec bourdonnements d'oreilles et éblouissements (ivresse iodique), du coryza, de la conjonctivite et un engourdissement transitoire.

Quant aux caractères de l'intoxication chronique, ce sont ceux d'une cachexie dans laquelle se produisent des modifications profondes de la nutrition générale. Mais ils n'ont pas une physionomie assez nettement définie pour être, au point de vue de l'incapacité du travail, tenus comme cause certaine d'une maladie professionnelle.

VII.

Vapeurs d'acide fluorhydrique.

Les vapeurs que répand à l'air l'acide fluorhydrique sont très irritantes, elles donnent lieu à des ophtalmies avec ulcération de la cornée et provoquent du coryza, une toux spasmodique avec accès de suffocation. C'est à leur action qu'est attribuée la mort du chimiste belge Loujet (intoxication massive).

Les vapeurs d'acide fluorhydrique agisssent avec une grande intensité, à la manière des vapeurs hypoazotiques.

Autrefois, très usité pour la gravure du verre, l'acide fluorhydrique provoquait les désordres très graves que nous venons de signaler, mais la tendance de lui substituer chaque jour de plus en plus l'injecteur au sable constitue dans cette industrie un progrès réel, avec l'emploi, dans le même but, des fluorues alcalins.

Signalons encore qu'au cours du traitement des phosphates minéraux par l'acide sulfurique, il se produit des vapeurs d'acide chlorhydrique et d'acide fluorhydrique dues à la présence de chlorure et de fluorure dans le phosphate naturel.

VIII.

Acide carbonique.

Si cet acide a bien une toxicité propre, établie par Collard de Martigny, elle est faible et difficile à démontrer. Ce gaz relativement inoffensif est toutefois irrespirable et l'air qui le contient à la dose de 15 à 20. p. o/o devient dangereux; à 10 p. o/o il détermine d'ailleurs déjà un sentiment de picotement et de constriction.

Dans un grand nombre de circonstances il produit des asphyxies (intoxication massive); on les observe dans l'industrie à l'occasion de l'explosion des récipients dans lesquels on a fait réagir des acides sur du calcaire, chez les ouvriers employés à la fabrication du papier dans l'atelier de fermentation de la colle. C'est lui aussi qui peut causer la mort dans les brasseries, les distilleries où se produit la fermentation de matières organiques, etc., dans les sucreries, les raffineries, les amidonneries, les féculeries, les chaufourneries, les mines, les puits clos et les caves. Les symptômes les plus habituels de cette asphyxie peuvent se résumer ainsi : céphalalgie, vertiges, oppression, bourdonnements d'oreille, sommeil et perte de connaissance, précédée de paralysie; les battements du cœur et les mouvements respiratoires deviennent rares; la dyspnée augmente, les extrémités se refroidissent, la peau se cyanose et la mort arrive en quelques moments, avec ou sans convulsions.

Dilué, l'acide carbonique ne fait courir aucun danger, aussi n'agit-il que quand il s'accumule dans un espace clos. Pour qu'il exerce son action toxique et produise l'asphyxie, 82 gr., d'après les données de Paul Bert, sont nécessaires pour un sujet du poids moyen de 60 kilogr. On comprend donc que les phénomènes d'intoxication seront relativement rares chez les ouvriers que leur profession soumet à l'influence de l'acide carbonique. Pour ce motif aussi, il n'existe pas d'intoxication chronique.

IX.

Oxyde de carbone.

Avec l'oxyde de carbone pur dont 1 à 2 centièmes rendent l'air mortel, l'intoxication est relativement rare au cours des travaux professionnels. Il agit ordinairement mélangé aux vapeurs de charbon ou parfois associé à d'autres gaz.

Sous forme d'intoxication massive l'empoisonnement qu'il détermine donne lieu à des manifestations aiguës de gravité différente que l'on observe notamment chez les ouvriers des fabriques de chaux, de plâtre, de ciment, les mineurs après explosion du grisou, etc.

Dans les cas légers : la céphalée, les bourdonnements d'oreille, des nausées avec sensation de pression épigastrique, quelquefois des vomissements sont avec une grande faiblesse musculaire les seuls symptômes.

D'abord rouge, puis pâle, la face, dans une forme plus grave se cyanose. On constate en outre de l'anesthésie, de l'impuissance musculaire et quelquefois survient la paralysie des sphincters.

En cas d'intoxication plus profonde encore, les ouvriers atteints, dont la démarche était chancelante, tombent comme foudroyés, en proie à une violente dyspnée, ou bien, après une céphalalgie avec sentiment de compression des tempes, des vertiges, des bourdonnements d'oreille, des troubles de la vue et quelques vomissements, le coma, succédant à une tendance particulière au sommeil, se produit.

La respiration déjà embarrassée devient alors de plus en plus anxieuse, les mouvements du cœur prennent une allure saccadée, le pouls plus fréquent s'affaiblit et la mort arrive précédée quelquefois de convulsions ou d'accidents épileptiformes.

Quand les victimes de cet empoisonnement échappent à une mort souvent immédiate, on peut avoir à les traiter d'affections nombreuses, telles que : congestion pulmonaire ou pneumonie, hémoptysie, diabète, albuminurie.

On observe aussi chez quelques-uns de ces malades des paralysies, du tremblement, des anesthésies, des névrites, diverses lésions cutanées (zona, bulles, gangrène), voire même des troubles cérébraux (paralysie générale, etc).

Si, dans un nombre important de ces cas, le rétablissement complet est possible, la mort cependant a été constatée au bout de huit jours à cinq semaines.

La durée de l'incapacité du travail peut donc être longue et même de temporaire devenir permanente.

Poison hématique, qui tue par suffocation, l'oxyde de carbone se rencontre dans le sang des individus qui survivent à l'intoxication qu'il détermine et, par l'examen spectroscopique, sa présence, d'après Pouchet, est nettement reconnaissable même après 60 heures.

Quant à l'intoxication lente par l'oxyde de carbone à dose filée, suivant l'expression de Poincaré, et quotidienne, elle ne peut être mise en doute. Les couturières, les cuisinières, les blanchisseuses, les garçons de café paraissent y être exposés ainsi que les mineurs, les chauffeurs, les ouvriers des hauts fourneaux et des usines à gaz, mais elle a été surtout observée chez des personnes soumises, dans des espaces clos à un procédé vicieux de chauffage (poêle à faible tirage, briquettes, etc.) ou à l'action d'une combustion lente (combustion de vieilles poutres).

Cette intoxication dont les exemples sont actuellement assez nombreux et qui se traduit par de la faiblesse, une tendance marquée aux courbatures, comme dans l'anémie, des paralysies motrices et de l'anesthésie, ainsi que l'a signalé en particulier Lancereaux, de la glycosurie (Ollivier) est d'un diagnostic réellement difficile, autant celui de l'intoxication aiguë est en général facile.

En cas d'intoxication lente, les symptômes, on le voit, sont habituellement si vagues que nous ne pensons pas qu'on puisse être autorisé à tenir cette forme d'intoxication oxycarbonée pour une maladie professionnelle.

LES INTOXICATIONS PROFESSIONNELLES

PAR LES VIRUS,

RAPPORT PAR M. LE Dr **Félix BRÉMOND**.

Le 3 mars 1902, la Commission d'hygiène industrielle s'est réunie au Ministère du Commerce.

L'ordre du jour portait :

« Détermination des industries dans lesquelles il est fait emploi de substances pouvant engendrer des maladies professionnelles. »

Une lettre à M. Duclaux, président, spécifiait que la Commission aurait à étudier :

« Les maladies exclusivement engendrées ou nettement provoquées par un travail professionnel. »
et à dresser :

« La liste des industries susceptibles d'engendrer ou de provoquer ces maladies. »

A cette lettre était annexée la nomenclature, figurant dans le projet de loi Breton, des maladies professionnelles, des empoisonnements aigus ou chroniques, résultant de la fabrication ou de l'emploi des substances suivantes :

1. Plomb et ses composés;
2. Mercure et ses composés;
3. Arsenic et ses composés;
4. Cyanogène et ses composés;
5. Phosphore;
6. Sulfure de carbone;
7. Nicotine;
8. Benzine, nitro-benzine, aniline, pétrole, goudron, essence de térébenthine, vaniline, essence odorante, esprit de bois, acide picrique;
9. Gaz irrespirable et vénéneux : acide sulfureux, acide hypoazotique et vapeurs d'acide azotique, acide chlorhydrique, chlore, brome, iode, acide fluorhydrique, acide carbonique, acide sulfydrique, oxyde de carbone;
10. Virus de la variole, du charbon et de la morve;
11. Poussières diverses.

A la suite d'une discussion d'ensemble, ayant porté particulièrement sur les termes « maladies exclusivement engendrées par un travail professionnel », la Commission d'hygiène industrielle désigna des rapporteurs pour chaque groupe de poisons.

J'étais peut-être indiqué pour le groupe 1, sur lequel j'ai fait, au Musée social, une conférence dont les cérusiers et les peintres se souviennent; on me chargea du groupe 10, que j'ai bien moins étudié. Je demandai qu'on m'adjoignît un collègue; ma demande ne fut point prise en considération. C'est donc absolument en mon nom, et sous ma seule responsabilité, que j'ai l'honneur de présenter ce rapport, sur les maladies virulentes contractées au cours du travail, pour lequel je sollicite toute l'indulgence de mes éminents confrères.

Dans un certain nombre d'industries, les matières mises en œuvre sont susceptibles de produire des empoisonnements par inoculation de divers virus. Ceux de la variole, du charbon et de la morve étant seuls désignés dans le projet de loi soumis à l'examen de la Commission d'hygiène industrielle, je vais les passer en revue et les étudier, conformément au programme qui m'a été fixé.

Avant de répondre, point par point, au questionnaire, un peu étroit, qui m'est soumis, on me permettra, je l'espère, de présenter, à propos de chaque maladie virulente, quelques considérations générales d'hygiène professionnelle.

Variole.

La variole menace les blanchisseuses, les batteurs de tapis, les brocanteurs, les cardeurs de matelas, les chiffonniers, les délisseurs, les fripiers, les peintres chargés d'arracher les vieux papiers de tenture et de gratter les plafonds des chambres de malades, et tous les ouvriers qui manipulent ou transforment les papiers et étoffes hors d'usage. D'après Variot, le même danger menace les trieurs de plumes; l'observation en a été faite, en 1888, à la prison de la Santé. Gibert, de Marseille, a signalé, en 1879, le commerce des chiffons et la revente des vieilles hardes et du vieux linge, provenant des varioleux, comme deux des plus actives parmi les causes de propagation de la variole; il a noté des foyers épidémiques qui s'étaient développés, soit dans les maisons des fripiers, soit dans les maisons voisines de leurs magasins; il a également enregistré des cas survenus chez les blanchisseuses qui avaient reçu, trié et lavé le linge des varioleux, ainsi que la prédominance de la maladie au voisinage de lavoirs publics. En 1870, les premiers cas de variole qui apparurent à Bréda se manifestèrent parmi les personnes qui avaient lavé du linge provenant d'un district infecté et ayant appartenu à des malades atteints de la variole. La même chose se produisit, en 1882, à Utrecht. Lewis avait, dès 1865, cité des cas de variole observés dans une fabrique de papiers et dus à la manipulation des chiffons; des cas analogues ont été signalés par Worms, Parson et nombre d'autres.

C'est parce que ces faits m'étaient connus que je croyais devoir, quand j'étais inspecteur du travail, interdire l'emploi des enfants au triage des linges sales, en temps d'épidémie variolique. En formulant cette défense, je ne faisais, du reste, qu'appliquer, par extension, l'interdiction particulière spécifiée pour les fabriques de papier (interdiction du travail des enfants pour le triage des chiffons. Voir le tableau C annexé au décret du 13 mai 1893).

Sur l'avis du Comité consultatif d'hygiène publique, un décret du 15 mars 1879 a rendu obligatoire la désinfection des chiffons venant de l'étranger; cette protection est complétée par diverses mesures prescrivant la désinfection des hardes après déclaration des maladies contagieuses. Cependant, il est encore des ouvriers et des ouvrières qui contractent la variole au cours de leur travail, sur des étoffes, des meubles, des objets renfermant des poussières varioliques.

J'aborde le programme de la Commission d'hygiène industrielle.

Il porte :

1° *Décrire les principaux accidents, au sens médical du mot, résultant de l'intoxication.*

L'utilité de cette description ne me semble pas très justifiée; cependant, respectueux de la consigne, je m'exécute en disant : la fièvre éruptive nommée variole tue quelques malades, par broncho-pneumonie, œdème de la glotte, infection purulente; elle fait un certain nombre d'aveugles et de borgnes, par ulcération de la cornée; elle crée un lot de sourds, par suite d'otites suppurées; elle est encore la cause de pas mal d'impotences fonctionnelles par atrophies musculaires.

2° *Définir le diagnostic.*

Je serai très bref sur cet article. Le diagnostic d'une maladie consistant à la reconnaître par ses signes, je me borne à dire que la variole est une des affections morbides dont la détermination est tellement simple, qu'elle a toujours paru indigne d'être donnée comme épreuve aux examens de médecine pratique les plus élémentaires. Donc nul médecin ne peut faillir sur le diagnostic de la variole confirmée. Si c'est pour le public que la définition est demandée, je propose celle-ci : « variole » ou « petite vérole », maladie qui donne, pendant un ou deux jours, des frissons, de la chaleur, de la fièvre, de la rougeur, et qui, le jour suivant, se caractérise par l'apparition de taches rapidement transformées en vésicules et en pustules. »

3° *Dire avec quelle probabilité l'accident peut être rattaché par le diagnostic à la manipulation du poison.*

J'ai le regret de dire que cette question me paraît très malheureuse, parce que la poser, pour l'empoisonnement variolique comme pour les autres empoisonnements professionnels, c'est se mettre *a priori* en hostilité avec la pensée de l'auteur de la proposition de loi soumise à l'examen de la Commission d'hygiène industrielle. En effet, que dit son auteur, M. Breton? Il dit : « Les intoxications professionnelles seront assimilées aux accidents professionnels, conformément à la loi du 9 avril 1898 ».

M. Breton a-t-il entendu exiger pour les intoxications une garantie de causalité qui n'est pas exigée pour les accidents? Non. Sa pensée, qu'il m'a fait l'honneur de m'exposer, peut se résumer ainsi :

Tous les invalides du travail, temporaires ou définitifs, ont droit à la même sollicitude, qu'ils soient les victimes d'un traumatisme ou d'un empoisonnement.

J'en conclus que lorsqu'il s'agit d'impotence par variole chez un trieur de chiffons, comme lorsqu'il s'agit d'impotence par plaie d'engrenage chez un tourneur-mécanicien, il n'y a pas à rechercher si, dans le premier cas, l'ouvrier empoisonné avait fréquenté des varioleux avant d'entrer à l'atelier de triage, ou si, dans le deuxième cas, l'ouvrier blessé avait mal à propos déplacé l'appareil protecteur des engrenages de son tour.

L'esprit de la loi de 1898 étant que le travailleur doit être protégé toujours, même contre sa propre imprudence, l'extension de cette loi aux intoxications doit avoir la même ampleur, abusive parfois, j'en conviens, mais fatale si l'égalité n'est pas un vain mot de la trilogie républicaine.

4° Dire si l'accident peut provenir d'autres causes que la manipulation du poison.

Je crois avoir déjà répondu à cette question, dans le paragraphe qui précède; cependant, j'ajoute que : aussi bien pour la variole que pour n'importe quel empoisonnement, il serait toujours permis au patron de prétendre que le fait professionnel n'est pas la cause du mal de l'ouvrier; c'est pourquoi je redis que rendre possible cette allégation, parfois très plausible, c'est déclarer, dès le début, que l'on considère le projet Breton comme irréalisable — et je suis de ceux qui pensent qu'il sera réalisé par un Parlement véritablement socialiste, dans le sens hygiénique du mot.

5° Dire au bout de quel maximum de temps, après la cessation des opérations dangereuses, les accidents peuvent encore se produire.

L'incubation, période de temps comprise entre la pénétration du virus variolique dans l'organisme et l'éclosion de la variole, a une durée variable. On la dit de 5 à 23 jours. Je serais d'avis d'admettre un délai allant jusqu'à 30 jours, pour la raison ainsi formulée dans un livre classique :

« Le moment précis où un individu a été en contact est-il toujours celui de l'imprégnation? Rien ne le prouve. Il est possible que le germe morbide soit alors simplement déposé à la surface des vêtements de l'individu qui va être contaminé, à la surface de ses téguments, de ses muqueuses, et que la pénétration dans l'organisme n'ait lieu qu'ultérieurement. » (Karth et Vilcoq, *Dict. encycl. des sciences médicales.*)

6° Pour chaque nature d'accident, dire les conséquences habituelles.

La variole peut entraîner : la mort, l'incapacité totale permanente, l'incapacité partielle permanente, des incapacités temporaires diverses.

Les décès sont de 8 à 10 p. 100 chez les vaccinés (la proportion est quatre fois plus forte, au moins, chez les non vaccinés).

Les incapacités permanentes totales sont de 2 p. 100.

Habituellement, l'incapacité n'est que temporaire; sa durée est d'une trentaine de jours; parfois le chômage ne dépasse pas deux semaines, en moyenne.

Les varioles sans chômage ne sont pas inconnues, mais leur rareté est extrême.

A propos des circonstances étrangères à l'accident, susceptibles d'aggraver l'incapacité de l'ouvrier, je ne dois pas oublier ses mauvaises habitudes, car on n'oubliera pas, j'en suis certain, de signaler au moins l'alcoolisme comme un élément d'augmentation de dommage dont il faut tenir compte. Je le signale donc, dans la forme classique, et je dis : la débilitation par la fatigue ou les excès, l'absence de vaccination et l'alcoolisme sont autant de conditions qui assombrissent le pronostic.

Faudra-t-il tenir compte de ces conditions, en ce qui concerne l'incapacité des varioleux? Je ne le pense pas, et cela pour deux raisons, l'une d'ordre médical, l'autre d'ordre équitable : le soupçon d'alcoolisme ne doit pas atteindre l'ouvrier varioleux, d'abord parce que la variole n'est pas la maladie des ivrognes (1), et ensuite parce que l'alcoolisme est ignoré par la loi de 1898, laquelle répare indifféremment les blessures des travailleurs intempérants et des travailleurs sobres (2). Que l'on fasse disparaître cette ampleur exagérée de la législation actuelle, je m'en réjouirai, mais, en attendant, je réclame pour les intoxiqués l'indulgence dont les blessés bénéficient actuellement.

7° Quels sont les accidents pour lesquels le diagnostic permet habituellement d'établir l'origine de l'incapacité, en vue d'une déclaration légale ?

Cette question me paraît ou obscure, ou cauteleuse sans le vouloir. Si je l'ai bien comprise, elle peut se traduire ainsi : à quel moment et d'après quel symptôme fera-t-on la déclaration d'accident?

Sera-ce à la période d'invasion ou à celle d'éruption? Ce devra être, évidemment, au moment ou la forme de la maladie permettra de juger de sa gravité. Or comme, à toute époque, ce jugement est difficile, tant sont variables les terminaisons, on se contentera de déclarer que l'ouvrier est atteint de

---

(1) «Ce ne sont pas, en général, les hommes débilités qui sont atteints, ce sont plutôt les natures vigoureuses.»

(Colin, *Traité des maladies épidémiques.*)

(2) «Attendu que vainement D... a soutenu que la pension acquise en principal à G... devait être diminuée conformément à l'article 10, en suite d'une faute inexcusable de ce dernier, laquelle faute aurait consisté dans un état d'ivresse; attendu que cet état d'ivresse, fût-il démontré, ne constituerait pas à la charge de G... cette faute sans excuse qu'a visée le législateur..... Par ces motifs, condamne D... à payer à G... une rente annuelle de 360 francs.»

(*Tribunal de Mayenne*, 23 mars 1900.)

«Peu importe que les lésions, conséquences d'un accident du travail, aient été aggravées par des maladies ou infirmités préexistantes, attendu que la loi nouvelle, édictée en faveur des ouvriers, doit être interprétée, non dans un sens restrictif, mais avec une largeur de vues qui réponde à son esprit.»

(*Cour d'Amiens*, 26 juin 1900.)

variole. Quant à l'indication de l'incapacité probable, en jours, semaines ou mois, on la remplacera par une de ces trois mentions : forme bénigne, forme normale, forme grave.

Exiger plus de précision en pareille matière, ce serait avouer que l'on veut rendre la déclaration légale impossible, neuf fois sur dix.

8° Y a-t-il des mesures à prendre, registre sanitaire par exemple, pour éclairer ultérieurement le diagnostic et l'origine de l'incapacité ?

L'unique mesure nécessaire est celle qui concerne la pratique régulière des revaccinations. A cette mesure de préservation par inoculation vaccinale, incombant aux patrons, les ouvriers devront se soumettre de bonne volonté et s'imposer les mesures de propreté individuelle qu'ils oublient trop souvent, bien qu'elles leur soient rendues faciles par le décret du 10 mars 1894, imposant des lavabos et des vestiaires dans tous les ateliers.

9° Quelles sont les substances à base de virus variolique dont l'emploi industriel suffit à engendrer des maladies caractérisées et graves ?

Je supprime les adjectifs *caractérisé* et *grave*, qui ne peuvent servir, selon moi, qu'à compliquer ou à obscurcir la question, et je conclus :

La variole d'origine professionnelle peut être engendrée par les chiffons, les vieux papiers, le linge sale, les tapis, les rideaux, les objets de literie et généralement par tout ce qui a été en contact avec du pus ou des croûtes varioliques.

Charbon.

Le charbon, pustule maligne, ou œdème malin, est une maladie, relativement rare, dont l'origine professionnelle ne saurait être mise en doute; elle menace les cochers, les conducteurs, les palefreniers, les équarrisseurs, les bouchers, les boyaudiers, les brossiers, les criniers, les cardeurs et laveurs de laines, les tanneurs, les mégissiers, les fabricants de peignes et de boutons, les bergers, les porteurs de viandes, etc. Les hommes qui soignent les animaux atteints du charbon, ceux qui les dépècent ou les enfouissent, les ouvriers qui préparent leurs peaux, leurs crins ou leurs cornes, sont susceptibles de contracter la pustule maligne, soit par contact direct, soit par l'intermédiaire de certaines mouches carnassières, qui transportent le virus et l'inoculent.

Des observations dignes de confiance ne permettent plus de douter, dit Hamon, que la variole et le charbon ont été transmis dans des usines, la première par des chiffons utilisés pour la fabrication du papier, le second par des peaux. Proust a communiqué à l'Académie de médecine un cas de pustule maligne observé par lui, à l'Hôtel-Dieu, sur un ouvrier chargé de trier des peaux de chèvre importées de Chine; on a constaté dans ces peaux la présence d'insectes vivants dont les excréments contenaient le bacille infectant du charbon, comme l'ont prouvé les inoculations faites à des cobayes. Chauveau a publié la relation d'une petite épidémie de charbon, survenue dans une brosserie de l'arrondissement de Lille : cet établissement n'employait que 15 personnes, et, en quatre mois (de juillet à octobre 1892), on observa 7 cas de charbon, dont 6 mortels, parmi les ouvriers ou dans leurs familles.

Ces exemples prouvent, avec d'autres que je citerai plus loin, que le charbon est bien, le plus souvent, une maladie professionnelle assimilable aux accidents du travail.

Voici, maintenant, les réponses aux questions du programme :

1. *Accidents résultant de l'intoxication.*

Le charbon tue, le plus souvent, les ouvriers qu'il atteint et qui ne sont pas soignés à temps. La mort arrive en deux, trois ou quatre jours. Chez les sujets qui survivent, les accidents sont constitués par des cicatrices diverses résultant soit du mal lui-même (désorganisation par sphacèle), soit de l'intervention chirurgicale obligée (cautérisation et incision).

2. *Diagnostic.*

Les signes du charbon sont locaux et généraux :

Localement on constate : Au point d'inoculation, une vésicule entourée d'une teinte noirâtre, avec aréole inflammatoire, chaleur, prurit, œdème, etc.

Les phénomènes généraux, énoncés par la lymphangite partie de la vésicule, comprennent : la céphalalgie, l'augmentation de la soif, l'élévation de la température, la fréquence du pouls, la pâleur de la face, les sueurs froides, les nausées, la défaillance. Observons, toutefois, que ce tableau n'a rien d'absolu, surtout au début. Ollivier a justifié cette remarque lorsqu'il a écrit :

« Le contact de viandes charbonneuses n'est suivi immédiatement d'aucun accident prémonitoire, d'aucun indice, d'aucun signe de réaction locale, et, par conséquent, l'attention de ceux qui vont bientôt être frappés n'a pas été éveillée. Il en résulte qu'il est souvent difficile de préciser avec exactitude le moment de l'inoculation. »

3. *Accident rattaché à la manipulation.*

Lorsqu'un ouvrier, appartenant à une profession qui met en œuvre des produits animaux, est atteint du charbon, après une érosion quelconque, on est en droit de rattacher son mal à la manipulation ; cette origine est encore presque certaine si le mal frappe l'ouvrier, même sans qu'il ait constaté une lésion visible.

La probalité existe encore, mais à un degré moindre, dans certaines professions ne mettant point en contact permanent les travailleurs avec les produits animaux, par exemple chez les porteurs des halles.

4. *Autres causes que la manipulation.*

Si le contact manuel de matières virulentes est la cause la plus fréquente du charbon, il ne faut pas oublier que cette maladie atteint parfois les gens étrangers à la manipulation, en faisant entrer dans la rubrique « manipulation » les cas de maladie charbonneuse produite par inhalation des poussières, cas observés principalement chez les trieurs, les déballeurs et les batteurs.

En dehors de ces circonstances, tout ouvrier de n'importe quelle profession peut rencontrer sur son chemin une mouche charbonneuse capable de lui donner le charbon. Dans ce cas, il est évident que l'accident n'a rien de professionnel et on se trouve en présence d'une exception à la règle, ainsi formulée par Ollivier :

« La maladie charbonneuse, quelquefois déterminée par la piqûre de mouches ou d'insectes carnivores, est due plus fréquemment au contact avec la peau dénudée (par le fait d'une érosion ou d'une simple égratignure) de chairs, peaux ou de virus quelconque d'animaux atteints d'affections charbonneuses ».

5. *Temps après lequel les accidents peuvent se produire.*

Le maximum serait de deux semaines, d'après Bernheim; la période d'incubation serait plus courte, d'après Laveran : de quelques heures à six jours seulement. Étant donné que les bactéries charbonneuses peuvent se conserver longtemps (des mois et des années), je serais tenté de porter au moins à 15 jours le temps légal écoulé entre l'apparition du mal et la cessation des opérations dangereuses.

6. *Conséquences habituelles.*

Le charbon cause la mort trop souvent, mais moins souvent qu'on ne pense (1); lorsqu'il est suivi de guérison il n'entraîne qu'une incapacité temporaire, de deux ou trois semaines.

---

(1) Dans le seul département de la Seine, de 1886 à 1889, il a été observé 62 cas de charbon, d'origine professionnelle, ainsi répartis :

Bouchers	14	dont	2	morts.
Porteurs aux halles	13	—	8	—
Tanneurs et corroyeurs	11	—	3	—
Mégissiers	8	—	4	—
Façonneurs de cornes	7	—	4	—
Nourrisseurs	3	—	1	—
Marchands des halles	2	—	1	—
Bouviers	2	—	1	—
Criniers	1	—	1	—
Fourreurs	1	—	1	—
	62		26	morts.

D'autre part, d'une statistique publiée par Le Roy des Barres, il résulte que, de 1875 à 1893, l'infection charbonneuse, à Saint-Denis, a atteint 11 criniers et 50 mégissiers et a causé 9 décès. En réunissant ces chiffres à ceux qui précèdent, on arrive à 35 morts pour 123 cas, proportion fort au-dessous de celle qu'indiquent les ouvrages classiques.

Les incapacités permanentes, lorsqu'il y en a, résultent des cicatrices produites par la désorganisation des tissus, leur incision ou leur cautérisation. Elles sont généralement partielles et sans gravité, ou n'entraînent que quelque gène fonctionnelle de peu d'importance.

7. *Origine de l'incapacité en vue de la déclaration légale.*

Piqûre, coupure, écorchure, enflure, tous ces accidents permettent la déclaration légale, comme ils imposent l'intervention médicale, ainsi que le conseil d'hygiène publique de la Seine le dit, en son instruction de 1884, dont voici un extrait bien net :

« La maladie se manifeste aux mains, au cou, au visage, aux paupières, par une enflure avec ou sans point apparent d'inoculation au centre de l'enflure. Celle-ci augmente peu à peu de volume. Elle se termine le plus souvent par la mort. . . Les cas de mort sont dus généralement à l'ignorance du danger. Les personnes intéressées négligent de recourir tout de suite aux conseils d'un homme de l'art. Elles ne se décident à se rendre à l'hôpital ou chez un médecin qu'après une aggravation du mal et alors que toute médication ou opération est devenue inutile. En conséquence, l'Administration invite tous les ouvriers qui travaillent dans les boucheries, tanneries, mégisseries, etc., à donner la plus grande attention aux moindres enflures, démangeaisons persistantes, œdèmes, et les engage expressément à se rendre sans retard, dès qu'ils en constatent la présence, chez un médecin, qu'ils informeront de la nature de leur profession. »

Le médecin, ainsi informé, devra évidemment se croire autorisé à signer un certificat à joindre à la déclaration d'accident.

8. *Mesures à prendre.*

L'examen bactériologique et les inoculations expérimentales sur des animaux peuvent rendre de grands services, pour éclairer ultérieurement le diagnostic et l'origine de l'incapacité.

Comme prophylaxie, ce serait aller un peut loin que d'ordonner aux tanneurs de porter des gants en caoutchouc, de ne prendre les peaux qu'avec des pinces et de se couvrir la face d'un masque, toutes choses réclamées par Proust, pour les trieurs de chèvres de Chine ; mais on ferait bien d'imposer, dans tous les ateliers spéciaux, l'affichage d'une instruction semblable à celle qui a été rédigée pour les industriels de Saint-Denis, par le plus compétent des spécialistes de l'hygiène industrielle, Le Roy des Barres.

9. *Substances.*

Les substances à base de virus charbonneux dont l'emploi suffit à engendrer le charbon sont : le sang, la chair, les graisses, les crins, la laine, les sabots, les cornes et les os de bêtes charbonneuses.

Conclusion : Dans l'industrie où les ouvriers sont exposés à contracter le charbon, l'assimilation de ce mal à un accident a paru tellement naturelle que, dès la mise en vigueur de la loi de 1898, les patrons s'empressèrent de déclarer les cas de coupures survenus dans leurs ateliers : ils parurent fort étonnés lorsqu'on leur fit savoir que ces déclarations n'étaient pas recevables.

Morve.

La morve et le farcin (1) menacent les palefreniers, les cochers, les maréchaux-ferrants, les criniers, les équarrisseurs, les tondeurs et même les blanchisseuses ; Elliotson a cité l'exemple d'une femme qui avait contracté cette maladie en lavant des linges souillés par un homme atteint de morve. Duclos a rapporté le fait d'une matelassière qui détressait le crin tordu ; la clinique de Trousseau renferme l'observation remarquable d'une ouvrière parisienne qui mourut de la morve, contractée en tressant des crins venus de Buenos-Ayres. D'autres auteurs citent des jardiniers, mais, en général, cette affection atteint seulement les personnes que leur métier met en contact direct avec les chevaux, ou qui couchent dans les écuries.

Le nombre des victimes humaines de la morve est peu élevé, car on ne connaissait que 106 cas authentiques en 1876, et, de 1867 à 1890, on n'a enregistré que 7 observations de morve d'origine professionnelle portant sur 3 palefreniers, 2 charretiers, 1 boucher et 1 chiffonnier, tous morts. Ces chiffres, très faibles, prouvent que le danger de la contagion, jadis nié, est aujourd'hui bien connu et qu'on prend de sérieuses précautions pour s'en préserver.

Déjà un arrêt de 1874, reproduit en 1875 dans l'ordonnance de police de Léon Renault, prescrivait l'abatage sans délai des animaux atteints de morve, mais cette maladie étant transmissible à l'homme, même après la mort de l'animal, par les couvertures, les éponges, les pièces de harnais, imprégnées de la matière du jetage ou du liquide des pustules, il a paru utile de compléter la mesure d'hygiène précitée, en faisant brûler les litières et tous les objets d'écurie soupçonnés d'avoir été souillés par le virus farcineux.

Après ces généralités, voici les réponses du rapporteur aux questions posées par le programme qu'il doit suivre :

I. Accidents de l'intoxication.

La morve est généralement mortelle ; si, par exception, elle ne tue pas le sujet, elle prend une forme chronique susceptible de se terminer par la guérison, dans les conditions analogues à celles qui succèdent aux piqûres anatomiques, accompagnées d'abcès multiples. En ce cas, la convalescence est toujours assez longue ; sa durée moyenne peut être évaluée à six mois. Même après guérison il peut exister une incapacité permanente partielle, résultant

---

(1) « Le farcin est une affection de même nature que la morve ; les localisations morbides sont seulement différentes : les vaisseaux lymphatiques indurés forment sous la peau des cordons ou *boudins farcineux*, et, de petits abcès se produisent sur leur parcours ».
Laveran et Tissier, pathol. médic.

de quelque cicatrice vicieuse, capable d'entraîner un état de gêne fonctionnelle variable.

2. *Diagnostic.*

Les signes de la morve manquent de netteté au début. Ils consistent en une éruption varioliforme de la peau, un état pustuleux de l'arrière-bouche, un écoulement spécial du nez, de la fièvre, des douleurs articulaires rhumatoïdes.

Ces symptômes inconstants ne sont pas toujours réunis et la certitude du diagnostic est fort difficile peu de temps après l'inoculation.

3. *Accident rattaché à la manipulation.*

Lorsqu'un ouvrier, vivant avec les chevaux ou maniant les objets à leur usage, est atteint de morve, on peut affirmer que son mal vient de son métier, soit que le virus soit entré en lui par une lésion cutanée, soit qu'il ait pénétré dans son organisme sons forme de poussière, par la voie digestive ou par la voie respiratoire.

4. *Autres causes que la manipulation.*

Quelques auteurs prétendent, avec Leblanc, que la contagion n'est pas la seule cause de la morve ; d'après eux, il y aurait des cas de morve spontanée dus à une mauvaise hygiène et à des excès. Cette opinion me paraît peu admissible.

5. *Temps pendant lequel les accidents peuvent encore se produire.*

Le maximum serait de trois semaines (1) d'après les uns ; la période d'incubation ne dépasserait pas huit jours, d'après les autres.

Je suis d'avis d'adopter le chiffre le plus élevé, en me basant sur ce fait que la diffusion du virus morveux est beaucoup plus lente que celle des autres principes virulents.

6. *Conséquences.*

Si la mort n'arrive pas, après deux, trois ou quatre semaines, le mal prend la forme chronique et peut durer six mois, un an, deux ans (2) et même trois ans (3), à l'expiration desquels il y a à craindre des impotences fonctionnelles partielles, permanentes, du côté des muscles principalement et parfois des articulations.

Ricord a publié, en 1853, un cas de morve chronique, chez un cocher

---

(1) « La morve couve 3 à 5 jours, quelquefois 14 jours et 3 semaines ». Bernheim, article « contagion » du dict. de Dechambre.

(2) Brouardel, dict. de Dechambre, p. 178.

(3) Tardieu, dict. de Dechambre, p. 187.

d'omnibus, ayant débuté par un coup de pied de cheval à la jambe et ayant entraîné la mort trois ans après l'accident.

7. Accidents pour lesquels le diagnostic permet d'établir l'origine de l'incapacité en vue d'une déclaration légale.

Ces accidents spéciaux n'existent pas, à proprement parler, puisque, au début de l'affection, les signes précis, pathognomoniques, font défaut. La nécessité de la déclaration légale se déduira donc surtout du genre de travail de l'ouvrier malade.

En faisant la déclaration trop hâtivement, on s'exposera parfois à confondre le début de la morve avec celui d'un rhumatisme articulaire ou d'une fièvre typhoïde, mais, si l'erreur se produit, on en sera quitte pour rectifier le diagnostic. Les rétractations de ce genre n'ont rien de déshonorant, parce qu'elles ne pèchent que par excès de sollicitude.

8. Mesures à prendre pour éclairer le diagnostic.

Les vétérinaires usent d'un réactif, la malleine, dont il suffit d'injecter quelques centimètres cubes sous la peau d'un animal douteux, pour obtenir une réaction thermique symptomatique de la morve latente. Il pourrait être utile, parfois, de mettre à profit ce mode d'investigation.

9. Substances à base de virus morveux.

Tous les objets, meubles ou immeubles des remises et des écuries ; brides, licols, colliers, sangles, étrilles, éponges, brosses, balais, coffres, auges, mangeoires, crèches, rateliers, murs, sol, etc.

CONCLUSIONS.

En terminant ce rapport, dont la forme m'a été imposée, je tiens à affirmer très énergiquement, une fois de plus, combien je serais désireux de voir aboutir le projet de loi soumis à l'examen de la commission d'hygiène industrielle. Je suis de ceux qui considèrent comme indispensable l'extension demandée par le député Breton et 38 de ses collègues (1).

Malgré ses imperfections, la loi sur les accidents est une sauvegarde précieuse pour une catégorie considérable de travailleurs; je demande avec les représentants du peuple, avec les syndicats ouvriers, que le bénéfice en soit étendu à tous les travailleurs sans exception.

---

(1) MM. Albert Poulain, Allemane, Basly, Antide Boyer, Cadenat, Calvinhac, Carnaud, Charles Gras, Chassaing, Colliard, Devèze, Ferrero, Ferroul, Fournier, Fournière, P. Grousset, Clovis Hugues, Jourde, Krauss, Labussière, Lassalle, Narbonne, Palix, Pastre, Renou, Rouanet, Viviani, Bénézech, Gallot, Louis Martin, Rajon, Pajot, Lepage, Marel, Théron, Coutant, Sembat.

Séance du 3 décembre 1901. — Urgence déclarée, renvoi à la commission d'assurance et de prévoyance sociales.

Lorsque la loi sera modifiée, ce qui est indispensable, lorsque les patrons humains, qui prennent toutes les précautions nécessaires à la sécurité et à l'hygiène de leur personnel, ne seront plus confondus avec les industriels égoïstes et négligents, s'en rapportant aux compagnies d'assurances pour la réparation de dommages qu'ils auraient pu empêcher, je serai le premier à signaler les défauts et les abus de la législation actuelle.

En ce moment je ne songe qu'à une lacune qui me fait émettre cette opinion : tous les ouvriers, égaux devant la loi, doivent être égaux devant la prévoyance sociale; tous ont un droit égal à la réparation des maux professionnels, chroniques ou aigus, sourds ou retentissants. Les hygiénistes qui pensent comme moi diront : « empoisonnement équivaut à blessure » s'ils ne veulent pas que des mécontents continuent à dire : « dans l'industrie française il y a des travailleurs nobles et des travailleurs roturiers, et cela ne devrait pas être, puisque le temps des privilèges est passé ».

MALADIES PROFESSIONNELLES

CAUSÉES

PAR DIVERSES POUSSIÈRES.

RAPPORT PAR M. LE Dr **COURTOIS-SUFFIT,**

MÉDECIN DES HÔPITAUX, MÉDECIN EN CHEF DES MANUFACTURES DE L'ÉTAT.

Dans le programme de la Commission d'hygiène industrielle, rentre l'étude des lésions produites par les « poussières diverses » et de l'incapacité qui peut en résulter pour l'ouvrier atteint. Il est difficile de savoir exactement à quoi correspond le terme un peu vague de « poussières diverses »; aussi bien, me suis-je borné dans ce rapport à étudier et à décrire ce qui, en médecine, porte le nom de PNEUMOKONIOSES (*πνευμων* : poumons; *κονις* : poussière), terme proposé par Zenker, et qui comprend l'ensemble des altérations causées par l'inhalation et la fixation dans les poumons des *particules solides* répandues dans l'atmosphère.

On peut — c'est la classification la plus couramment adoptée — diviser les pneumokonioses en trois groupes, suivant la nature des poussières inhalées : poussières animales, poussières végétales, poussières minérales. Le tableau suivant donne une idée suffisamment exacte des diverses professions qui exposent aux pneumokonioses :

I. — Pneumokonioses causées par des poussières d'origine animale.

Poussières de laine (batteurs de tapis, bonnetiers, couverturiers, peigneurs de laine). — Poussières de soie (batteurs et cardeurs de soie). — Poussières de cheveux, poils et plumes (brossiers, selliers, tapissiers, chapeliers, plumassiers). — Poussières de nacre de perle (nacriers).

II. — Pneumokonioses causées par des poussières d'origine végétale.

Poussières de charbon, anthracose pathologique : mineurs, charbonniers, mouleurs en cuivre, chauffeurs, employés de chemins de fer, fumistes, ramoneurs.

Poussières de tabac (*tabacosis*) : ouvriers employés à la fabrication du tabac, au transvasement des cases du tabac chauffé, au séchage, au tamisage de la poudre fine.

Poussières de coton (*byssinosis*, de *βυσσος*, coton) : batteurs, cardeurs et débourreurs de coton.

Poussières de lin et de chanvre (fileurs de lin, peigneurs de chanvre).

Poussières de bois (scieurs de bois, menuisiers, ébénistes, tourneurs).

Poussières de blé (batteurs en grange, vanneurs), de farine (meuniers, boulangers).

III. — Pneumokonioses causées par des poussières d'origine minérale.

Poussières de fer (sidérose : tailleurs de limes, ouvriers se servant d'oxyde rouge de fer).

Poussières de silice (chalicose) [il existe une chalicose physiologique] : la chalicose pathologique s'observe chez les tailleurs de pierre, les cantonniers, chez les ouvriers porcelainiers (chalico-enthracose).

Poussières de fer et de silice mélangées (sidéro-chalicose : aiguiseurs, tailleurs de meule, épointeurs d'aiguilles).

Poussières d'acide phosphorique et de chaux (scories de déphosphoration). Les inhalations seraient capables de déterminer une pneumonie à scories (nous y reviendrons ultérieurement).

Poussières de silice et d'alumine mélangées (potiers).

Poussières de cinabre (ouvriers mineurs d'Almaden).

Poussières de sulfate de chaux (cette infiltration gypseuse, découverte par A. Robin chez un ouvrier stuccateur, a pour origine l'absorption de poussière de gypse par le poumon et l'intestin ; elle frappe surtout les ganglions thoraciques et mesentériques : ceux-ci prennent alors l'aspect de ganglions calcifiés ; l'analyse chimique qui démontre la présence du sulfate de chaux permettra de distinguer la maladie des stuccateurs, ou adenogypsose, des dégénérescences calcaires essentielles des tuberculeux (1).

Il ne faut pas songer à décrire minutieusement toutes ces variétés de pneumokonioses, car les unes sont fort rares et les autres sont mal connues. Nous étudierons les trois principales : 1° l'anthracose, qui est de beaucoup la plus connue et qui peut être prise comme type ; 2° la sidérose, et 3° la chalicose.

1° Anthracose. — Avant de discuter ce que peut être l'anthracose pathologique et professionnelle, il est bon de faire remarquer que la plupart des poumons humains sont normalement marbrés de noir, et qu'en réalité il y a une *anthracose physiologique*. Cette matière noire n'est autre chose que du charbon et ce charbon arrive dans les poumons avec l'air inspiré ; cette pous-

---

(1) Robin. *Gazette des Hôpitaux*. 1892. Cité par Marfan. Traité de médecine Bauchard. Brissaud 1901.

sière de charbon provient de la combustion des matières qui servent soit au chauffage, soit à l'éclairage (fumées des lampes et des cheminées). Cette infiltration charbonneuse des poumons augmente avec l'âge; nulle chez le nouveau-né, à peine appréciable chez l'enfant, la coloration du poumon commence à s'accuser chez l'adulte, pour acquérir son maximum d'intensité chez le vieillard. L'infiltration charbonneuse du poumon est longtemps compatible avec le fonctionnement régulier de l'organe. Dès que l'accumulation des poussières est trop grande, la période de tolérance cesse, des lésions se développent, les malades très oppressés se mettent à tousser et tombent dans une cachexie progressive.

Alors se trouve constituée (1) la *Black phtisie,* des auteurs anglais; la phtisie houillère, étudiée par Riembault et Crocq, admise par Proust, en ces termes : « on doit admettre une affection qui, produite au début par l'accumulation de poussière de charbon, mérite le nom de phtisie charbonneuse quand le poumon se creuse de cavités par la faute des noyaux charbonneux ».

Cette infiltration pathologique par la poussière de charbon atteint surtout certains ouvriers : d'abord les mineurs, chez qui elle est connue sous le nom de *phtisie des mineurs,* puis les charbonniers et enfin les ouvriers employés dans les grands dépôts de charbon des environs de Paris; elle se rencontre aussi chez les mouleurs en cuivre, en fonte, en bronze, chez les polisseurs de charbons destinés aux appareils électriques. Voici ce qui se passe dans les opérations du moulage : le moule est fait avec du sable très fin qu'on a préalablement humecté pour lui faire conserver la forme des empreintes. Lorsque le moule est terminé, avant de procéder au séchage et au coulage, on le saupoudre avec une fine poussière de charbon, qui empêchera le moule de faire corps avec le métal en fusion. La poussière de charbon est renfermée dans un sac qu'on agite par des mouvements saccadés, afin de tamiser la poussière à travers la trame du tissu. Cette opération charge l'atmosphère de poussière charbonneuse. Depuis quelques années, on cherche, paraît-il, à remplacer le charbon par la fécule et la phtisie anthracosique est devenue plus rare chez les mouleurs (2).

Les signes de l'anthracose pathologique apparaissent très tardivement; leur évolution clinique se fait, d'après Tardieu, en trois périodes :

D'abord ce n'est qu'une fatigue inusitée, qu'un malaise général, qu'une oppression qui naît et s'accroit au moindre effort; la toux survient, quinteuse et fatigante, et s'accompagne bientôt d'une expectoration noirâtre, on a coutume de dire que le *poussier s'est attaché à l'homme.* Le crachat noir est le

---

(1) Marfan. Loc. cit.

(2) A l'autopsie des malades morts de cette affection, le poumon n'est plus ni spongieux, ni insufflable; il se présente sous l'aspect d'un bloc noir, de consistance ferme, criant sous le scalpel. Il colore en noir les doigts qui l'écrasent et noircit l'eau où on le plonge; quelquefois, il est comme rempli de noyaux noirs; on le dirait « farci de truffes » (Marfan). Dans les degrés les plus avancés de la maladie on rencontre de véritables ulcérations caverneuses, des cavernes anthracosiques, généralement de petites dimensions, contenant un putrilage noir, siégeant en les points les plus divers des poumons.

signe caractéristique de cette période; dès qu'il se rencontre à l'état permanent, il acquiert une grande valeur seméiologique.

Ces phénomènes se traduisent à l'auscultation par de l'affaiblissement du murmure vésiculaire, par de l'exagération du retentissement vocal et par l'existence de râles sibilants et ronflants disséminés dans toute la poitrine.

Bientôt (c'est schématiquement la 2e période de la maladie) l'état général qui, jusque là, n'avait pas sérieusement souffert, commence à s'altérer; le malade maigrit, son teint devient terreux, il se plaint d'une oppression presque continue et à son expectoration, tout à l'heure noire seulement, se joint le rejet de crachats muco-purulents et parfois même légèrement teintés de sang.

Enfin, dans un troisième temps, l'affection marque ses progrès par l'accentuation de l'anémie et de la consomption. C'est la phtisie avec son cortège habituel de signes locaux et généraux, et c'est, peu après, inévitablement la mort.

2° Chalicose. — C'est Meinel qui a désigné sous le nom de *chalicose*, l'infiltration du poumon par les poussières de silice (c'est la *cailloute* des piqueurs de meules de la Touraine et de l'Anjou; c'est encore : le mal de Saint-Roch, la phtisie des tailleurs de pierre, *asthma pulverulentorum*).

Cette variété d'infiltration s'observe chez deux groupes d'ouvriers :

1° Les tailleurs de pierre et de grès, c'est-à-dire les carriers, les piqueurs de meule, les tailleurs de silex, les cantonniers;

2° Les aiguiseurs, ouvriers qui façonnent sur la meule le tranchant des lames, la surface ou la pointe de divers instruments métalliques : ce sont ces ouvriers que De Sayrre a observés à la fabrique d'armes de Châtellerault.

La chalicose a été rencontrée chez les verriers, les porcelainiers, les faïenciers, les potiers, chez lesquels la maladie est déterminée par l'action des particules siliceuses et alumineuses[1]; Greenhow a trouvé aussi la cha-

---

(1) Le principal danger de l'industrie faïencière consiste dans l'action des poussières dont est surchargé le milieu dans lequel l'ouvrier travaille. Aussi certains ouvriers sont-ils plus exposés que d'autres à l'absorption de ces poussières. Parmi les plus exposés sont les ébaucheurs, qui travaillent assis. Leur travail consiste à prendre un morceau de terre à faïence et à le pétrir entre leurs mains. Ce travail est des plus fatigants et les oblige à appliquer leur motte de terre au-devant de leur poitrine. De plus, durant chaque effort de pétrissage, ils immobilisent leur thorax, la glotte fermée; puis, la résistance vaincue, ils font une profonde inspiration, qui entraîne, par conséquent, quantité de poussières dans les bronches. Cependant, ils sont moins exposés que les mouleurs et les tourneurs, car la pâte à faïence dans cette première manipulation, est assez humide. Les mouleurs ne sont guère plus épargnés que les tourneurs. Les uns prennent un morceau de pâte qu'ils tamponnent avec force pour l'introduire dans un moule à plâtre, les autres reçoivent l'ouvrage du mouleur et tournent la faïence pour lui donner la forme extérieure convenable. L'enfourneur est exposé aux poussières, puis les épousseteurs et les useurs de grains.

Paté décrit à la phtisie des faïenciers trois formes cliniques : la forme pneumonique; la forme emphytémateuse; la forme suffocante.

Paté : La phtisie des faïenciers, thèse de Paris, 1892.

licose chez les peigneurs de lin, plante qui renferme une quantité notable de silice.

L'évolution clinique de la chalicose est, en réalité, très comparable à celle de l'anthracose.

Dans une première période, le malade tousse et rend dans son expectoration des particules de silice ou d'acier, assez volumineuses pour que le malade en accuse la sensation en crachant. Peu à peu le poumon s'indure complètement, la toux est plus marquée, l'expectoration est plus abondante et souvent purulente ou sanglante. Dans une troisième période, on assiste aux symptômes progressifs de la phtisie : amaigrissement, sueurs nocturnes, toux incessante, expectoration abondante, hémoptysies répétées, diarrhée. Ces phénomènes se traduisent à l'auscultation par la présence de signes cavitaires.

3° **Sidérose.** — La sidérose, dont, en réalité, les exemples sont peu nombreux (Zencker, Meterckel n'en purent compter plus de 21 cas), s'observe surtout chez les ouvriers qui se servent d'oxyde rouge de fer ou rouge anglais (miroitiers, batteurs d'or, polisseurs de glaces), et chez les ouvriers chargés de nettoyer avec du sable les plaques de tôle rouillées; chez ces derniers, la poussière *gris noirâtre* qui infiltre le poumon et les ganglions du hile est de l'oxyde de fer à l'état d'oxyde magnétique.

La sidérose est mal connue au point de vue clinique; il est probable que sa substance est assez analogue à celle de l'anthracose. L'expectoration rouge en est le phénomène le plus caractéristique ; mais elle ne s'observe que dans l'infiltration par l'oxyde rouge de fer (1) [Marfan].

Pneumokonioses mixtes. — Il est fréquent de trouver dans un même poumon des poussières de natures diverses : l'anthracose et la chalicose s'associent très souvent. Chez les aiguiseurs il y a mélange de sidérose et de chalicose ; chez les potiers, il y a mélange de poussières siliceuses et de poussières alumineuses.

M. Letulle a cité un exemple intéressant de pneumokoniose mixte : il s'agissait d'un broyeur d'émeri à l'autopsie duquel on trouva une pneumonie chronique avec noyaux durs, gris noirâtre, que l'analyse chimique montra être composés de silice, d'alumine et de peroxyde de fer.

Nous devons dire quelques mots de cette variété d'inflammation pulmonaire, dite la « pneumonie à scories », dont l'interprétation pathogénique est difficile. Et d'abord que nomme-t-on scories? C'est, d'après le Dr Attimont, un produit de déchet de la fabrication de l'acier par le procédé Gilchrist-Thomas. Au point de vue chimique, cette poussière contient de l'acide phosphorique, de la chaux, de la magnésie et du fer, de la silice, du manganèse

(1) A l'autopsie (Zencker), l'aspect des poumons est tout à fait singulier. La surface en est d'une couche rouge-brique mince et uniforme, sillonnée de lignes déprimées plus noires cependant aux espaces interlobucaux. La plèvre est recouverte de plaques rouges. Il y a, dans ces poumons, plusieurs cavités sans aucune trace de tuberculose. Cette substance rouge est de l'oxyde rouge de fer.

et même un peu d'acide sulfurique. La richesse de cette poudre en acide phosphorique et en chaux fit penser qu'elle pouvait s'employer à titre d'engrais (1). L'essai prouva sa puissance fertilisante. Ce fut là le point de départ d'une industrie nouvelle pour produire ce qu'on appelle la poussière de scorie de déphosphoration. La conversion de la scorie en matière d'engrais comporte d'assez nombreuses opérations, d'abord la mouture pour pulvériser les scories. Cette matière réduite à l'état de farine est mélangée ensuite avec d'autres engrais, puis mise en sacs. Ces opérations se font trop souvent dans des greniers mal ventilés et dégagent beaucoup de poussières. En général, les ouvriers qui vivent dans cette atmosphère, surtout les débutants, présentent une vive irritation des voies respiratoires, irritation qui se manifeste par des quintes de toux spasmodiques et de l'exagération de sécrétions bronchiques

Les autres muqueuses, nasales surtout, subissent aussi la funeste influence de la poussière. La peau peut aussi présenter des altérations superficielles.

Les ouvriers seraient en outre atteints de pneumonie au bout d'un temps assez variable. D'après M. Attimont, à Nantes, cette période d'incubation s'est montrée relativement courte, en particulier chez les manœuvres employés au déchargement des sacs de scories à bord des navires.

Les pneumonies à scories présentent en réalité le même appareil symptomatique que les pneumonies lobaires banales; les signes que l'on donne comme caractéristiques de cette variété d'expectoration des poumons sont peu spécifiques. Début ou brusque ou à la suite d'une bronchite, prostration extrême dès la première heure, dyspnée violente, facies spécial, caractérisé par une teinte terreuse de toute la peau, en particulier de la figure et des parties exposées aux poussières (2). Les crachats n'ont pas la teinte rouillée de l'expectoration ordinaire de la pneumonie; ils ont fréquemment une teinte gris-noirâtre, surtout pendant les premiers jours. L'albuminurie est très fréquente.

En réalité, tous ces signes — hormis peut-être l'expectoration — n'ont rien de caractéristique.

J'ai tenu à exposer les faits aussi clairement et aussi brièvement que possible. Il me reste à les interpréter et à en tirer, si faire se peut, et sans doute cela est difficile, des conclusions précises et *surtout pratiques*.

Il est, tout d'abord, nécessaire de faire remarquer que toutes les pneumokonioses, d'où qu'elles viennent, peuvent prêter aux mêmes discussions et que tout ce que l'on peut dire à propos de l'anthracose peut être répété pour la sidérose, la chalicose et même la pneumonie à scories.

Tout le débat se résume, à mon sens, dans la question suivante :

Peut-on dire avec Proust (je répète à dessein la phrase citée précédemment) : « Il faut admettre une affection qui, produite au début par l'accumulation de

(1) Les pneumonies à scories. Gautret. — Thèse de Paris. 1899.

(2) Les poussières incrustées dans les téguments forment un masque spécial qui rappelle un peu le facies des paludéens.

« poussière de charbon, mérite bien le nom de *phtisie charbonneuse* quand le « poumon se creuse de cavités *par la faute de noyaux charbonneux ?* »

Ou bien, faut-il envisager de façon moins simpliste la pathogénie des différentes pneumokonioses et dire que l'inhalation de poussières n'est qu'une cause purement occasionnelle et ne fait que préparer le terrain et ouvrir, en quelque sorte, la porte aux infections extérieures ?

Les recherches les plus récentes sembleraient appuyer cette seconde hypothèse. Les expériences de Claisse et Josué qui, chez les animaux en expérience n'ont rencontré ni véritable réaction inflammatoire, ni troubles vasculaires, congestifs ou diapédésiques, les observations de Tripier qui, sur le poumon anthracosé d'un sujet exposé durant de longues années à l'inhalation de poussières, n'a trouvé ni ulcération ni sclérose, laissent à penser que l'anthracose physiologique ne peut se transformer en anthracose pathologique que sous l'influence d'une infection qu'elle prépare.

Alors, il n'existerait « ni bronchites, ni phtisies, ni scléroses anthracosiques, mais seulement des lésions streptococciques, bacillaires, *chez des sujets anthracosiques* ». C'est cette opinion qui a fait dire que « l'anthracose houillère *n'est qu'un signe d'identité professionnelle et n'est pas une maladie* ».

Une longue discussion s'est ouverte aussi sur la question de savoir si l'anthracose prédisposait à la tuberculose ou si les pneumokonioses conféraient pour la phtisie une sorte d'immunité. Les deux opinions ont été soutenues ; mais il semble, en tout cas, plus légitime d'admettre que les poussières produisent dans les poumons des lésions irritatives qui favorisent la fixation et la germination du bacille de la tuberculose.

En fait, j'estime que cette discussion est un peu oiseuse, sans grand intérêt et qu'elle ne doit pas être prolongée.

Oui ou non — c'est le point seul qui doit m'occuper — les ouvriers qui travaillent dans de certaines conditions, sont-ils soumis à une sorte de traumatisme respiratoire et peuvent-ils en être malades et même en mourir?

Peu importe après tout, que ce soit directement ou indirectement que les poussières, par leur inhalation répétée, produisent à elles seules, ou que seulement elles favorisent le développement des lésions pulmonaires, le résultat n'est-il pas le même ? Et n'est-ce pas ce résultat seul qui doit nous préoccuper ?

Or, il est bien utile d'être fixé sur les effets de l'inhalation continue des poussières, puisque d'après l'opinion courante — c'est d'ailleurs le seul point sur lequel les auteurs sont d'accord — si les ouvriers suspendent leur travail dès le début de leur mal, ils peuvent guérir complètement, tandis que s'ils continuent leur métier, peu à peu, très lentement il est vrai, mais sûrement quand ils sont atteints, ils tombent dans la cachexie et succombent après une période plus ou moins longue.

Mais il est possible en pratique de faire le diagnostic exact de ces lésions pulmonaires et de déterminer à l'examen d'un malade la part précise qui revient à l'inhalation des poussières nocives ? J'estime que, s'il est difficile, ce diagnostic n'est certes pas impossible car, à tout bien examiner, les pneumokonioses, quelle que soit leur origine, ne peuvent guère être confondues qu'avec la tuberculose pulmonaire. Il va de soi qu'au début de la maladie l'hésitation est permise. Si le malade ne présente que de la fatigue, de l'oppression, une toux fréquente sans expectoration, le jugement reste incertain, mais dès que le malade crache, dès le moment où la maladie est nettement installée, où les poumons sont creusés de cavités de dimensions appréciables, le diagnostic est relativement simple; à cette période, dans la tuberculose, l'examen des crachats suffit à lever tous les doutes, en démontrant la présence constante du bacille de Koch; dans les pneumokonioses, l'examen de l'expectoration, outre qu'il fait constater l'existence du bacille de la tuberculose, décèle la présence de cellules épithéliales ou de leucocytes renfermant des granulations minérales ou végétales.

Il peut se faire encore — j'indique cette éventualité seulement pour ne rien omettre — que l'anthracose soit compliquée de tuberculose, ou plus exactement que les deux maladies soient associées.

Dans ce cas, c'est encore l'examen des crachats qui éclairera notre jugement en démontrant la coexistence des bacilles de Koch et des leucocytes porteurs de grains de poussière.

En un mot, j'estime que, si chez un de *ces ouvriers amaigris présentant à l'auscultation des signes cavitaires, l'examen réitéré de l'expectoration abondante ne permet pas de trouver le germe de la tuberculose, on est en droit d'affirmer la pneumokoniose.*

Je crois donc :

1° Que les poussières citées précédemment, et ici je ne fais pas de distinction entre elles, constituent par leur inhalation répétée un danger auquel on peut et on doit remédier par la mise en vigueur de mesures prophylactiques rigoureuses;

2° Que, dès que la maladie est constituée et que le diagnostic est dûment établi à l'aide des moyens que je viens d'indiquer, on est en droit de l'assimiler à un accident du travail entraînant une incapacité permanente et complète.

LES DERMATOSES D'ORIGINE PROFESSIONNELLE

RAPPORT PAR MM. LES Drs **LE ROY DES BARRES**

ET

COURTOIS-SUFFIT.

DE QUELQUES AFFECTIONS DE LA PEAU ET DES MUQUEUSES

DE LEURS CONSÉQUENCES

AU POINT DE VUE DE L'INCAPACITÉ DE TRAVAIL.

Certaines industries exposent leurs ouvriers à des lésions de la peau et des muqueuses dont les caractères et le mode d'apparition permettent d'établir avec une suffisante précision la relation de cause à effet pour les qualifier de maladies professionnelles.

Une remarque importante cependant à faire immédiatement est qu'un grand nombre de ces affections se montrent plus facilement ou prennent un plus grand développement chez des sujets spécialement prédisposés par leur constitution; il en est ainsi en particulier des dermatoses à forme eczémateuse. A côté des diverses dermatoses professionnelles dont l'aspect peut être polymorphe, on en rencontre quelques autres dont l'évolution avec leur forme toujours constante est réellement caractéristique du genre de travail auquel se livrent les ouvriers qui en sont porteurs : citons par exemple le pigeonneau.

Dans cette étude, faite à un point de vue très spécial, nous n'entendons ni décrire, ni même simplement nommer toutes les lésions de la peau et des muqueuses ayant une origine industrielle; nous limitons volontairement notre sujet à un petit nombre d'affections rencontrées fréquemment, bien définies aujourd'hui, et sur la pathogénie desquelles l'accord semble définitivement fait, laissant à dessein de côté certaines affections relativement exceptionnelles.

Même restreint ainsi le tableau que nous avons à tracer de ces affections artificielles est encore assez vaste; aussi, pour en donner une idée générale, avons-nous dû, n'obéissant à aucune préoccupation nosographique, classer ces lésions variées, suivant le mécanisme de leur production, dans les diverses professions où on les observe.

C'est d'ailleurs la marche suivie autrefois par Bazin dans la description qu'il a le premier donnée de l'ensemble des lésions artificielles.

Comme complément à cette relation des dermatoses professionnelles, qui forment l'objet principal de ce travail, nous donnons en annexe les caractères de quelques affections des yeux et du nez dont sont également victimes les ouvriers de quelques industries.

Éruptions propres aux ouvriers qui manient les verts arsenicaux.

Les éruptions arsenicales sont connues depuis longtemps, et c'est principalement chez les ouvriers qui manient les verts arsenicaux qu'on les a rencontrées et décrites.

Au point de vue étiologique, la dermatite arsenicale se rencontre en première ligne chez les ouvriers qui *travaillent à la fabrication de l'arsenic* (1); ensuite, viennent les ouvriers qui préparent *les verts arsenicaux*, et en particulier le vert de Schweinfurt (2); puis les ouvriers qui manient les *papiers peints, les étoffes colorées, les fleurs artificielles*, dans les colorations desquelles le vert arsenical entre pour une large part; il faut citer aussi, parmi ceux qui peuvent être atteints, *certains fabricants de fuchsine* (CHARVEZ, de Lyon, 1863). Dans un procédé, aujourd'hui abandonné, de fabrication de la fuchsine, pour transformer l'aniline en rosaniline, on se servait comme oxydant, de l'acide arsénique.

Au point de vue clinique, les éruptions arsenicales sont *érythémato-vésiculeuses* et se font remarquer par la fréquence des *pustules* et des *lésions ulcéreuses*.

Les éruptions siègent surtout aux mains (ouvriers en fleurs artificielles, ouvriers en papiers et en étoffes colorées); elles sont, au contraire, plus diffuses chez les ouvriers des usines exposés à des projections de liquides (dans les usines d'arsenic, l'éruption peut atteindre les mains, les cuisses et même le scrotum et les pieds). Les vapeurs qui se dégagent des chaudières où se prépare le vert de Schweinfurt peuvent déterminer des éruptions sur le cou et la face.

L'éruption débute par une *rougeur* érythémateuse diffuse, sur laquelle se greffent bientôt des *papules*, des *vésicules* et des *pustules* qui ne tardent

(1) Dans les usines, cette fabrication consiste à faire griller le minerai dans des galeries communiquant au dehors par une cheminée; l'arsenic, après ce grillage, se dépose sous la forme d'une poudre blanche sur les parois et la partie inférieure de la galerie. On ouvre alors cette galerie et on extrait la poudre arsenicale à la pelle. Du fait de cette opération, les ouvriers sont donc en contact avec cette fine poussière qui se répand facilement autour d'eux; leurs mains aussi sont exposées au même contact. (*Combalat.*)

(2) L'opération consiste à remuer dans des chaudières des solutions bouillantes d'acétate de cuivre et d'acide arsénieux.

pas à se recouvrir de croûtes assez minces, opaques, présentant une coloration jaune verdâtre assez particulière.

Deux terminaisons sont alors possibles :

a) Guérison des pustules sous les croûtes (par traitement et cessation du travail).

b) Evolution progressive, production d'ulcérations sur les pustules.

Les *ulcérations* se produisent parfois d'emblée (Vernois), à la suite d'une piqûre fréquente, par exemple, chez les ouvriers en fleurs artificielles.

L'ulcère, d'où qu'il vienne, présente les caractères suivants : il est régulier, à bords taillés à pic, à fond grisâtre et suintant. Son bord parfois très induré fait songer au chancre syphilitique.

Enfin, il faut signaler des accidents analogues, se produisant sur la *muqueuse nasale*, du fait des poussières ou des vapeurs qui entourent les ouvriers; on a vu *survenir des perforations de la cloison des fosses nasales.* (Combalat.)

En général, ces lésions évoluent de façon assez rapide et n'entraînent qu'une incapacité de travail temporaire.

Éruptions propres aux ouvriers qui manient des produits d'origine végétale.

(*Cannissiers, mal des cannes de Provence.*)

Cette affection se rencontre chez les ouvriers qui manient certains roseaux : on l'appelle *mal des cannes de Provence*, car c'est surtout dans ce pays que l'on travaille les roseaux, qui servent à tisser les lambris destinés à couvrir les plafonds.

Ces ouvriers dépouillent la canne de Provence (*arundo donax*) de son écorce et de ce fait sont exposés à une éruption provoquée par un champignon (*Sporotrichum dermatodes*) qui se développe sur les cannes lorsqu'elles sont entassées dans des endroits humides.

L'éruption s'observe au cou, à la face, sur les membres supérieurs et aussi au scrotum et à la face interne des cuisses; elle débute par quelques symptômes généraux : céphalalgie, fièvre légère, courbature; elle se manifeste par un érythème ou gonflement œdémateux, et par l'apparition sur les plaques érythémateuses de vésicules de petites dimensions, plus ou moins confluentes, qui se rompent et forment des croûtes; les vésicules se transforment rarement en pustules. L'éruption s'accompagne d'un prurit et d'une sensation de cuisson très intenses.

L'éruption dure environ deux à trois septenaires et peut n'entraîner qu'une interruption de travail momentanée.

La prophylaxie est facile : il suffit d'arroser légèrement les cannes altérées, pour les débarrasser de leur poussière irritante.

Cette maladie des roseaux offre la plus grande analogie par ses symptômes avec la dermatoconiose spéciale provoquée par la poussière des végétaux moisis : paille, foin, feuilles, tiges, poussière composée de mycelium et de spores, le plus souvent âcre et irritante et paraissant douée de propriétés véritablement infectieuses.

Les *botteleurs*, les *engrangeurs de foin*, les *verseurs de paille*, les *fabricants de chaises paillées* ou de *capuchons pour bouteilles* ont été successivement signalés comme susceptibles de présenter les mêmes accidents éruptifs, plus ou moins souvent accompagnés de réactions fébriles (éruptions vésiculo-pustuleuses, rhinite ulcéreuse avec ou sans épistaxis, angine et embarras gastrique).

On a accusé telle ou telle moisissure et cependant toutes sont susceptibles de donner lieu à des accidents, et l'on peut rencontrer sur les tiges et sur les feuilles des roseaux : des *mucorinées*, comme le *Mucor mucedo*, le *Rhizopus nigricans*, aussi bien que les *perisporiacées* comme l'*Aspergillus glaucus*, le *Penicillum glaucum* et l'*Érysiphe*.

Dermatoses des ouvriers qui manient les oranges amères.

L'orange amère (*Citrus vulgaris chinensis*) contient en abondance une huile essentielle, dont les propriétés sont particulièrement irritantes pour les téguments (1). Imbert-Goubeyre, dans un mémoire sur ce sujet, rapporte qu'il a observé 41 ouvriers, dont 12 seulement ont pu échapper à cette cause de dermatose.

L'éruption débute par un prurit violent; puis survient un érythème qui s'accroît vite et s'accompagne d'un gonflement œdémateux; sur ces plaques érythémateuses, on voit souvent apparaître de petites vésicules plus ou moins confluentes qui, après leur rupture, laissent suinter un liquide, se concrétant sous forme de croûtes d'un gris jaunâtre.

Cette éruption siège d'ordinaire aux mains, à la partie inférieure des avant-bras et à la face. Elle s'accompagne assez souvent de symptômes généraux, d'ordre toxique, lesquels affectent surtout le système nerveux et se manifestent sous la forme de céphalalgie, de vertiges, de névralgies diverses, de crampes, d'agitation, voire même de convulsions dans certains cas.

Éruptions propres aux ouvriers qui manient les substances colorantes, peintres, teinturiers, apprêteurs de couleurs, fabricants de couleurs.

Les *peintres* sont continuellement en contact avec des produits caustiques : outre les peintures à base de plomb, de fer, de mercure, ils manient des acides : acides *sulfurique, nitrique, tartrique; l'essence de térébenthine* et des

(1) Dans l'industrie, qui consiste à confire ces fruits, il faut d'abord les peler. Pour cela, les ouvriers incisent la peau de l'orange, qu'ils tiennent dans la main gauche; le jus s'écoule alors sur leurs mains et plus spécialement sur la main gauche, qu'il souille, et par laquelle il peut être transporté sur la face ou sur les parties découvertes. (*Combalat.*)

alcalis : *soude caustique, potasse brute d'Amérique,* qui servent à enlever les vieilles peintures.

La multiplicité de ces agents caustiques explique la grande variabilité des effets cutanés : érythèmes, lésions eczémateuses et lichénoïdes, pustules et squames. Tout peut se rencontrer dans les proportions les plus variables.

Les *teinturiers* et les *fabricants de couleurs* sont très sujets aux dermatoses de cause externe.

Les ouvriers qui travaillent dans les *manufactures d'aniline* y sont particulièrement exposés; on rencontre chez eux l'eczéma des mains et des avant-bras. Mais il est une manifestation cutanée d'un caractère particulier qui se présente quelquefois comme une complication de la dermite professionnelle; c'est la perversion apportée dans l'excrétion sudorale des parties atteintes, le plus communément des mains et des doigts ou *hyperhydrose.*

Blaschko (1891), dans un travail sur les maladies de la peau observées chez les *ouvriers des fabriques d'aniline,* considère l'hyperhydrose comme « occasionnée non pas par les matières colorantes non plus que par les matières premières d'où sont dérivées les couleurs d'aniline, de naphtol ou de résorcine, mais bien par les nettoyages exécutés à la fin des opérations avec la soude et le chlorure de chaux ».

Généralement, l'hypersécrétion de la sueur est précédée d'une exagération de la sensibilité, d'une hyperesthésie siégeant vers les extrémités des doigts, occupant aussi parfois la peau qui recouvre la région de l'éminence thénar; les mains sont contractées chez la plupart des malades, l'épiderme ne reste pas intact et il se fait des gerçures à la paume des doigts et des mains; chez quelques malades, il y a même des abcès: la sécrétion sudorale est toujours tellement abondante qu'en renversant la main on voit la sueur tomber par gouttes.

La durée moyenne de « l'hyperhydrose professionnelle » varie de 2 à 4 jours; elle se maintient parfois pendant 5 à 6 jours.

Chez les *teinturiers,* la dermatite est caractérisée par la macération et la flétrissure du derme, la desquamation par pointillé autour des papilles rouges et mises à nu, les gerçures douloureuses qu'accompagnent l'endolorissement des parties et une anesthésie très marquée.

Chez les *vernisseurs de meubles,* eczéma rarement humide, siégeant dans les espaces interdigitaux et sur le dos de la main, quelquefois sur l'avant-bras et le bras.

L'éruption est due, d'après Blaschko, à l'emploi d'un alcool dénaturé par le méthylène ou la pyridine (1), cette dernière substance possédant une action irritante très prononcée.

Acné chlorique. (P. Fumouze).

L'acné chlorique, ou encore la dermatose chlorique électrolytique, est due au nouveau procédé de fabrication du chlorure de chaux et de la soude ou de

(1) La *pyridine* est employée dans la dénaturation de l'alcool en Allemagne et en Suède.

la potasse, par l'électrolyse du chlorure de sodium ou du chlorure de potassium. C'est une affection connue depuis peu. Les malades observés en Allemagne travaillaient à l'usine de Griesheim; les malades observés en France sont tous des ouvriers travaillant dans une usine située à la Motte-Breuil, près de Compiègne.

L'acné chlorique est caractérisée par une acné pouvant se généraliser à tout le corps et par des symptômes complémentaires. Les lésions cutanées se traduisent par des comédons, des nodosités, des pustules, des papules, des kystes sébacés, des taches pigmentées, des cicatrices. Les lésions complémentaires sont la conjonctivite, la bronchite, la laryngite, la gastrite et, comme *complication ultime*, la tuberculose.

La dermatose ne s'observe, que chez les ouvriers travaillant dans les usines d'électrolyse de chlorure de sodium ou de potassium. Elle paraît due à l'hypochlorite de soude à l'état naissant, dont l'action est externe et interne; les symtômes complémentaires sont dus au chlore.

Les éruptions artificielles qui se rapprochent le plus par leurs symptômes de la dermatose chlorique électrolytique sont les éruptions dues au goudron, à l'huile de hêtre, à l'huile de fragon, à l'huile de cade, qui contiennent toutes des phénols, à la paraffine et au pétrole impurs, au brome, au bromure de potassium, à l'iode, à l'iodure de potassium.

Dermatite des ouvriers employés à la galvanoplastie.

Caractérisée à la fois par des lésions eczémateuses et des troubles de la sensibilité tactile des doigts et de la main, elle est due au trempage successif de ces parties, tantôt dans des bains alcalins (lessive de potasse et de soude), tantôt dans des bains de benzine. Les bains de chlorure de nickel employés pour le nickelage fournissent une lessive chlorhydrique et du chlore à l'état naissant qui, se combinant avec la chaux dont les mains des ouvriers sont couvertes, donne lieu à la formation d'une couche humide de chlorure de chaux qui par son action irritante sur la peau détermine des troubles fonctionnels dans les sécrétions et dans l'innervation cutanée.

Dermatose des photographes.

Les photographes sont exposés dans le développement des clichés au contact de liquides renfermant deux genres de substances nocives : des alcalins (carbonate de potasse, bisulfite de soude) et des agents dits *réducteurs* (acide pyrogallique et parmi les plus nocifs : l'amido-phénol, le paramidophénol, le métol).

Ces solutions provoquent facilement des éruptions *eczémateuses*, qui débutent presque toujours par les mains, mais qui se propagent volontiers au visage et au scrotum, à la suite de contacts accidentels.

Dermatite des ouvriers qui manipulent les hydrocarbures liquides.

Cette dermatite a été signalée chez les ouvriers des *mines* et *raffineries de pétrole* (ouvriers employés aux pompes de pétrole et à la manipulation du pétrole brut);

Chez les ouvriers des fabriques de *paraffine* (pustules et ulcérations);

— — de *goudron* (acné et furoncles);

— — de *brai* et de *bitume* (éruptions vésiculeuses et pustuleuses).

La dermatite, en général, dans ces cas, affecte surtout la forme de l'acné et de l'ecthyma; au début, il s'agit souvent de l'érythème lichénoïde, d'autres fois, on constate l'eczéma vesiculeux, le pityriasis rubra, les furoncles et les abcès.

Dans les raffineries de pétrole, MM. Dervillé et Guermonprez (Delahaye-Paris 1890 et 1892) ont observé une affection professionnelle spéciale, le papillome des raffineurs de pétrole, constatée chez les ouvriers employés presque nus au nettoyage des appareils qui ont servi à la dernière distillation des pétroles. La poussière fine qui se détache des appareils au cours de cette opération se fixe sur les vêtements et la peau. Au niveau des orifices pilo-sébacés se développe la tumeur, du volume d'un pois à celui d'une châtaigne, qui constitue le papillome. Celui-ci siège sur l'avant-bras, le dos des mains et des doigts, les membres inférieurs et le scrotum. Dans cette région, il rappelle parfois, en raison de ses caractères, le cancer des ramoneurs.

Cette affection ne serait pas très commune, car, dans les usines de la Seine, M. Brémond n'a eu l'occasion de la rencontrer qu'une seule fois; par contre, il a observé la dermatite décrite ci-dessus, en particulier chez les femmes employées à l'emplissage des bidons.

Papillome professionnel causé par la créosote.

Mackenzie a publié l'observation d'un homme de 60 ans travaillant depuis 30 ans dans une usine où l'on traite par la créosote des traverses de chemins de fer.

Les mains et les bras sont seuls en contact avec les madriers mouillés de créosote. Sur les avant-bras et la face dorsale des mains et des doigts, les orifices folliculaires sont obstrués par un bouchon noir; çà et là sont des élevures verruqueuses du volume d'un pois. Sur le côté droit du scrotum sont plusieurs élevures papillomateuses du volume d'un pois à une noisette, assez molles, couvertes d'une croûte cornée, douloureuse au toucher, sans induration profonde de leur base; quand on arrache la croûte, la surface dénudée saigne facilement. Dans le triangle de Scarpa des deux côtés, tous les ganglions sont un peu tuméfiés. Ces tumeurs dégénèrent très facilement en épithélioma.

La dermatite des brossiers.

La préparation des soies de porc ou de sanglier destinées à former des brosses se fait tantôt à froid pour le simple lavage à grande eau, tantôt à chaud pour le débouillage, le peignage au mouillé et la macération à chaud dans les bains de teinture. Dans ce travail, les ouvriers contractent souvent une affection connue sous le nom de « mal aux mains » et *qui se rapproche à la fois du mal de bassine* par ses lésions cutanées, *et de l'hyperhydrose des fabricants d'éosine* par l'exsudation sudorale.

Cette dermatite est caractérisée par une rougeur très accentuée des doigts et de la face palmaire des mains avec exsudation spéciale et caractéristique de la peau. On voit perler de chaque pore des doigts et de la face palmaire des mains de petites gouttelettes d'eau analogues à celles de la sueur, et la face interne des mains se trouve mouillée comme si on l'avait trempée dans l'eau.

Dermatoses professionnelles des polisseurs.

Dans le brossage, les ouvriers présentent les pièces d'argenterie à une brosse rotative sur laquelle coule un filet de bière aigre. La bière qui a passé sur la brosse est recueillie dans une auge inférieure et continue à servir plusieurs jours de suite. Ces ouvriers présentent une dermite très douloureuse qui atteint la face dorsale des mains et les avant-bras, quelquefois même le cou.

Dans le polissage proprement dit, les ouvriers emploient une poudre rouge qui paraît contenir du mercure, alors survient une dermite des avant-bras et de la face dorsale des mains.

Éruptions propres aux ouvriers employés dans les fabriques de produits pharmaceutiques.

Les ouvriers employés dans les fabriques de produits pharmaceutiques à faire bouillir les *écorces de quinquina* et ceux qui mettent le *sulfate de quinine* en flacons sont exposés à des éruptions qui, le plus communément, siègent aux mains, aux avant-bras et même à la face. Il se produit sur ces parties un gonflement œdémateux avec rougeur de la peau, et bientôt surviennent des vésicules confluentes à liquide séreux : ces vésicules sont remarquables par l'inégalité de leur volume ; en s'ouvrant, elles laissent échapper un liquide séreux qui, par dessèchement, donne lieu à la formation de croûtes.

Cette éruption s'accompagne d'un prurit intense ; elle dure environ trois semaines.

Les *droguistes*, les *épiciers* qui manient le carbonate de soude, l'hypochlorite de sodium, le savon plus ou moins alcalins, sont aussi sujets à des éruptions. Chez les épiciers, celles-ci sont fréquentes ; elles affectent l'aspect connu sous le nom de *gale des épiciers*, il y a lieu aussi de signaler des éruptions analogues à celles des diabétiques et dues à l'action locale du sucre. Des parasites glyciphages peuvent jouer un rôle dans quelques unes de ces affections. Celle qui est connue sous le nom *de gale des épiciers* est en réalité un mélange d'eczéma et de lichen ; elle siège à la face dorsale des mains et sur les parties inférieures des avant-bras. C'est au début une rougeur intense, accompagnée d'un prurit pénible, sur laquelle se développent bientôt des vésicules qui, après dessiccation, deviennent le point de départ de croûtes grises, jaunâtres, d'aspect impétiginiforme. Quand les croûtes tombent, elles laissent à leur place des surfaces rouges qui se fendillent en petites gerçures; la peau prend alors un aspect lichenoïde; les plis articulaires étant particulièrement atteints par les gerçures, il survient une certaine gêne dans les mouvements.

La guérison est rapide si l'ouvrier cesse son travail; mais l'éruption récidive d'une façon quasi-fatale et sa persistance peut laisser à demeure un certain degré de sécheresse et de lichénisation des téguments.

Éruptions causées par les professions qui donnent lieu à une atmosphère de poussière non toxique.

1° *Ouvriers en nacre de perle.*

La dermatite des *nacriers* est caractérisée par la macération et le boursouflement de l'épiderme, par de la rougeur et de la vésiculation péri et retro unguéale, par de la desquamation plus ou moins prononcée sur les points irrités, de la démangeaison et de la tension douloureuse des doigts, parfois de la pustulation.

Dermatoses dues au maniement des poussières.

Les poussières pierreuses et métalliques produisent diverses lésions professionnelles :

1° L'*érythème* des terrassiers,
— des tailleurs de pierres,
— des potiers;

2° Avec la *forme papuleuse* :

Le lichen des trituteurs et blutteurs de soufre,
— des bronzeurs,
— des fondeurs;

3° Avec la *forme eczémateuse* (poussières calcaires) :

L'eczéma des plâtriers,
— des maçons,
— des nacriers,
— des cimentiers.

Sous l'action des poussières salines, les dermatoses professionnelles prennent des caractères bien tranchés :

Forme papuleuse :

Le lichen des émailleurs,
— des satineurs de papiers peints;

Forme vésiculeuse :

Eczéma des corroyeurs,
— des teinturiers,
— des verriers;

Forme ulcéro-papuleuse (chaux, arsenic, chrome, cuivre et zinc) :

Dermatites pustuleuses et ulcéro pustuleuses
- des ouvriers en papiers peints,
- des peauciers et lustreurs de peaux,
- des fabricants de fleurs artificielles,
- des apprêteurs d'étoffe,
- des teinturiers en plume,
- des chaufourniers,
- des ouvriers chromateurs,
- des braseurs de vieux cuivre,

Éruptions causées par les professions dans lesquelles les agents employés n'ont d'action que sur les parties mises volontairement en contact avec eux.

Mal de vers ou mal de bassine.

Cette affection survient chez les ouvriers des fabriques où l'on file les cocons de vers à soie. Cette affection a été décrite pour la première fois par Potton en 1853 sous le nom de *mal de vers ou de bassine.*

Les femmes employées au travail du filage des cocons sont placées auprès d'une bassine remplie d'eau chaude, et elles dévident les cocons ramollis par le liquide; par un contact incessant avec l'eau chaude, se produisent la macération de l'épiderme et son ramollissement au niveau des doigts et des mains; en outre, l'eau de la bassine, chargée de principes irritants, provenant de la décomposition et de l'altération des vers contenus à l'intérieur des cocons, décomposition d'ordre microbien, exerce une action particulière.

Potton reconnaît trois périodes à cette affection :

1° *Période érythémateuse,* plus marquée entre les doigts : tuméfaction, douleur cuisante; marbrures, plaques bleuâtres à la peau, soulèvement de l'épiderme; vésicules puis bulles remplies de sérosité claire se troublant et devenant visqueuse; tous les mouvements sont alors pénibles, enfin les vésicules se crèvent. — DURÉE : 7 à 8 jours.

2° *Période pustuleuse.* — Les vésicules se changent en pustules; elles peuvent s'étendre sur tous les doigts; mais elles sont surtout disséminées entre le médius, l'indicateur et le pouce de la main droite. Tout mouvement occasionne des souffrances aiguës. Au bout de cinq à six jours, les pustules arrivent à terme. Alors toute souffrance cesse. Le plus souvent, par l'insouciance des dévideuses, la maladie n'est pas totalement guérie.

3° Dans la troisième période, chez quelques personnes, le mal de vers prend un caractère grave. L'apparition des pustules s'accompagne d'inflammations profondes; le tissu sous-cutané est envahi; il y a un gonflement énorme et une déformation sensible des doigts, de l'engorgement des lymphatiques et des ganglions, apparition de petits phlegmons circonscrits situés ordinairement au niveau des pustules, accompagnés de symptômes généraux sérieux : frissons, céphalalgie, insomnie, dégoût.

Aujourd'hui le *mal des bassines* est surtout observé en Italie. En France il est devenu rare et très bénin. Une récente enquête portant sur 15,000 ouvrières n'en a relevé que quelques cas — sans suppuration — manifestés par un peu de lymphangite. Il est rare que ces ouvrières aient interrompu leur travail plus de deux ou trois jours. Ce mal ne sévit que dans des régions limitées, déterminées par deux conditions étiologiques distinctes : des cocons altérés (cocons morts) et des eaux très calcaires (séléniteuses). Le dernier mémoire de Fabre, d'Avignon, incrimine les substances excrémentielles et probablement l'urine laissées par la chenille dans le cocon. Le rôle des parasites est très douteux. Il n'en existe pas sur le ver mort et on en a trouvé un seul sur le ver vivant. Rien ne démontre d'ailleurs qu'il attaque la peau humaine.

Éruptions des cuisinières et des cuisiniers.

La dermatite des cuisiniers a été décrite sous le nom d'*érysipéloïde*, par Rorenbach et Gœttingen. Elle siège aux doigts et aux mains, sous forme d'une boursoufflure rouge foncé ou livide qui, en se développant, donne lieu à une légère cuisson. Au bout de cinq à huit jours, le mal se propage des extrémités des doigts jusqu'au métacarpe. Au bout de deux à trois semaines, tout disparaît.

En outre, les *cuisiniers*, les *pâtissiers*, les *boulangers*, sont exposés à la manipulation de substances irritantes et souvent malpropres, d'où l'apparition d'une dermatite eczématiforme bien décrite par Bazin; des vésicules surviennent sur une surface érythémateuse : elles se rompent, puis se reforment. Le derme s'altère bientôt, et un état chronique apparaît. La coloration générale est rougeâtre, l'épiderme est cassant, fendillé; il se recouvre d'éminences papuleuses et de plaques lichénoïdes.

Chez les boulangers, il faut aussi faire intervenir l'action de la pâte fermentée qui est en contact incessant avec les mains. Les placards d'eczéma prennent souvent un aspect circiné qui leur a fait donner le nom de *psoriasis des boulangers*.

Éruptions des maçons. (*Plâtriers, cimentiers, etc.*).

Deux causes peuvent engendrer la dermatite :

a) Le contact avec des substances elles-mêmes irritantes (chaux, ciment romain);

b) L'action sur la peau de l'eau qui se répand continuellement sur les membres supérieurs.

A noter aussi l'influence des petits traumatismes dus aux pierres, aux corps durs et anguleux.

Cliniquement, on trouve de l'érythème avec des vésicules, de l'eczéma, des papules squameuses et quelquefois aussi de la lichénisation plus ou moins marquée des téguments.

Éruptions des mégissiers, tanneurs, pelletiers, marchands de peaux de lapins, corroyeurs.

Dans ces diverses professions, les ouvriers manient constamment des peaux des cuirs, des crins, et peuvent avoir des contacts avec des débris altérés d'animaux (Combalat). Or, l'abondance *extrême des agents microbiens* sur le revêtement cutané des animaux est un fait connu, d'où la possibilité et la fréquence de l'inoculation de germes (cocci ou bâtonnets, staphylocoques et streptocoques). Ces germes pénètrent à la faveur des éraillures de la peau.

On rencontre ici le plus fréquemment des pustules d'ecthyma, des lésions furonculeuses, des traînées lymphangitiques diversement associées et en abondance variable.

La localisation aux mains et aux avant-bras est habituelle.

Enfin, il faut signaler que, parmi les micro-organismes des peaux et des cuirs, il en est un beaucoup plus redoutable que tous les autres, c'est la bactéridie charbonneuse. Le charbon d'ailleurs a déjà été décrit (Rapport du Dr Brémond sur les virus). C'est le type de la maladie professionnelle la plus assimilable à l'accident du travail. Nous n'avons pas à y revenir.

Dermatite des raffineurs de sucre.

Fredet et Nivet lui donnent le nom d'*impétigo glycosique*. C'est en effet une affection impétigineuse qui se développe chez les ouvriers des sucreries, sur les *avant-bras*, les *mains*, les *jambes* et les *pieds*.

Les membres exposés à nu au contact des jus de betteraves et de sucre liquide, s'irritent; quelquefois l'action légèrement escharotique du sucre produit des ulcérations profondes et des inflammations analogues au furoncle.

Nivet a décrit, chez les ouvriers de la sucrerie de Bourdon, un *Phimosis diabétique*.

Dermatite périunguéale des confiseurs

Cette affection, décrite pour la première fois par Poncet de Lyon 1889, se rencontre chez les ouvriers qui préparent les fruits confits et surtout les marrons glacés. Elle résulte de l'action irritante des sirops de macérations acides, et de l'effet nécrobiotique des particules de sucre. Elle débute par les doigts constamment immergés; successivement elle est caractérisée par de la rougeur, du gonflement du derme, des altérations de l'ongle qui s'effrite, devient cassant et prend une teinte gris noirâtre. Peu à peu la peau s'ulcère et forme un bourrelet rouge œdémateux, douloureux, l'ongle se déchausse et tombe. Le médius et l'annulaire sont les doigts le plus fréquemment atteints; mais chez quelques ouvriers tous les doigts sont malades.

Professions qui donnent lieu à des altérations diverses de l'épiderme.

Les débardeurs, déchargeurs de bateaux en rivière, ravageurs de cours d'eau sont exposés à ces altérations de l'épiderme.

La seule immersion des parties du corps dans l'eau peut provoquer une dermatite. Il s'agit alors d'une simple macération du derme. Son expression professionnelle la plus complète se retrouve dans l'affection que Parent-Duchatelet a décrite sous le nom de *grenouille*.

C'est en réalité une altération du derme, caractérisée par un ramollissement, des gerçures, une véritable destruction des parties en contact avec l'eau. Elle s'observe aux mains et aux pieds.

Aux pieds, elle siège entre les orteils où elle détermine des crevasses profondes; parfois, au talon, la peau s'en va par lambeaux.

Cette affection est très douloureuse, surtout quand les parties étant hors de l'eau commencent à sécher. Elle n'a pas de gravité.

On rencontre des grenouilles aux mains chez les *lavandières* en rivière ou au baquet; aux mains et aux pieds chez les *pêcheurs*.

La *dermatite des pêcheurs* présente cependant quelque chose de plus : à la macération épidermique succède une période vésiculaire ou bulleuse, avec de la purulence plus ou moins marquée. Ceci est dû à la manipulation continue des lignes et des filets enduits de substances organiques en décomposition.

La *dermatite des poissonniers* est analogue à la précédente.

Éruptions des blanchisseuses et des laveuses

Les femmes qui ont exercé longtemps la profession de blanchisseuse ont généralement l'épiderme brillant, lisse, comme aminci. Cette altération tient surtout à l'action dissolvante des alcalis, carbonates et des hypochlorites. En outre, des lésions de dermite se développent qui occupent le dos des mains et des doigts, la partie inférieure de l'avant-bras, puis, mais plus rarement, la face palmaire de la main; ces lésions répondent aux formes multiples de l'eczéma.

En outre, la profession de blanchisseuse met les malades en contact avec des linges sales, souvent souillés de produits microbiens ou pathologiques, d'où les inoculations fréquentes de microbes de la suppuration, qui produisent des lésions impétiginiformes, des lymphangites et des pustules, dans bien des cas.

En outre, les laveuses et les blanchisseuses sont exposées aux *durillons* professionnels.

On peut à ce propos établir quatre catégories différentes : les laveuses de gros linge, les blanchisseuses à la rivière, les blanchisseuses au tonneau, enfin les jeunes apprenties qui portent le linge en ville.

Or chez les blanchisseuses au tonneau, il existe un durillon nettement circonscrit sur les deux avant-bras au milieu de la face cubitale; cette callosité est produite par un frottement continu déterminé par le point d'appui pris sur les bords du tonneau.

Chez les blanchisseuses porteuses de linge, le port au bras de paniers très lourds produit fréquemment une inflexion de la colonne vertébrale. Un peu au-dessous du pli du coude, il existe un durillon transversal dû à la pression de l'anse du panier.

Dermatose chez les plongeurs.

Labelle a décrit une altération épidermique et unguéale qui se développe, indépendamment de toute idiosyncrasie, de tout état diathésique, chez les plongeurs de restaurant.

Les lésions épidermiques sont constituées par un épaississement de l'épiderme de toute la face palmaire de la main et des doigts, avec énervation ou état fissuraire des plis normaux de la paume des mains et des articulations digitales; à la pulpe des doigts, l'épiderme et le derme sont épaissis, tassés, parcheminés, l'extrémité digitale élargie et en forme de spatule. Les ongles, particulièrement ceux des 4e et 5e doigts de la main droite, qui sont les plus exposés aux contacts irritants et aux pressions, sont soulevés dans leur moitié antérieure qui est devenue noire et bossuée; l'ongle est soufflé en moelle de sureau. Sa partie libre est détruite et soulevée par des couches cornées qui la séparent du lit.

Ces lésions résultent des manipulations professionnelles, que les malades exécutent pour saisir et mouvoir les assiettes dans des récipients, et de la macération de l'épiderme dans un liquide de température élevée et de composition chimique irritante.

Ulcérations professionnelles des mains chez les ouvriers qui travaillent les peaux et principalement chez les mégissiers, les tanneurs et les teinturiers en peaux. (*Le pigeonneau.*)

Le travail des peaux se divise en deux parties : la première, commune à presque toutes les industries qui préparent ces dépouilles, est le *travail de rivière;* la seconde, le *tannage* proprement dit.

Les principales opérations exécutées sont :

1° Le *reverdissage* : lavage des peaux dans l'eau courante (on peut activer le reverdissage en mettant les peaux dans une dissolution de sulfure de sodium à 3 p. 100 et de chaux à 1 p. 100).

2° Le *pelanage* ou passage dans des bains de chaux, dont la causticité va en croissant, se pratique dans des cuves en bois de forme cubique. Il y a d'abord le *pelain* mort, le plus faible, puis le *pelain* gras, et enfin le *pelain* vif. Les peaux séjournent 48 heures dans le premier pelain, autant dans le deuxième, et deux ou trois jours dans le dernier. Les ouvriers dans les manipulations doivent porter des gants en caoutchouc; cependant le pigeonneau les atteint souvent.

Il faut noter que dans la fabrication du cuir fort on supprime le pelanage à la chaux et on le remplace par une fermentation de la peau, ou *échauffe*, et par l'action des acides.

3° L'*ébourrage* vient ensuite et consiste à enlever les poils en raclant fortement la peau d'arrière en avant avec un couteau mousse.

4° L'*écharnage* consiste à débarrasser les peaux des chairs qui y adhèrent encore.

5° Après le *rognage* a lieu l'opération du *cuersage*.

6° Par le *foulonnage*, on débarrasse les peaux de la chaux qui les imprègne encore.

7° Enfin a lieu le *tannage* à la suite de ce travail de rivière.

Mégisserie. — Elle fabrique les peaux destinées à la ganterie et à la chaussure fine avec des peaux de chevreau, d'agneau... On procède d'abord au *reverdissage*, puis à l'*ébourrage* dont le premier temps est l'*enchaussement* qui a pour but d'enlever la laine.

Si les peaux sont garnies de surpoils, on les met au *pelain* pendant deux ou trois jours, puis on procède à l'*écharnage* et au *débordage;* pour exprimer l'eau de chaux d'imbibition est pratiqué le *foulage*. Les peaux sont ensuite passées au *confit* dans un bain formé d'excréments de chien délayés dans l'eau, dans un bain de son qu'on a laissé fermenter. On arrive à l'*habillage*, qui consiste à fouler aux pieds les peaux; après quoi elles sont pliées en deux, puis séchées; après leur ouverture à la machine ou au *palisson;* on procède enfin à la dernière opération: le *dolage* ou *meulage*, qui s'effectue sur des meules en bois garnies d'émeri.

Chamoiserie. — Véritable tannage à l'huile. — On traite les peaux comme dans la mégisserie jusqu'à la *mise au confit;* puis à l'aide du *tordage*, on les débarrasse de l'eau. On passe à la *mise en huile;* à l'*aération*, au *dégraissage*. Après l'*étendage* ou *séchage*, le *palissonnage*, on termine par le *parage*.

Teinture de peaux mégies. — Se fait soit *à la brosse*, soit *au plongé*.

Dans le premier procédé, on emploie trois liquides : 1° l'*apprêt* ou *mordant*, 2° la *couleur*, 3° un liquide noir dit *le tourné*.

L'*apprêt* est très souvent une solution de bichromate de potasse au 1/10e additionnée de 2 p. 100 d'alcali volatil, lequel a remplacé l'urine que l'on employait autrefois. La *couleur* est une décoction de bois de campêche. Le *tourné* contient de l'acétate de fer, de la crème de tartre, de l'alun, du chlorure de cuivre.

Le *pigeonneau*, ou ulcération professionnelle des mains, s'observe chez les tanneurs, les mégissiers, les teinturiers en peaux, et aussi, en dehors de ces professions, chez les brunisseurs en orfèvrerie de ruolz, chez les blanchisseurs, chez les maçons, chez les plâtriers.

L'aspect de la lésion au début diffère suivant son siège: A la *pulpe des doigts*, l'épiderme d'abord semble usé. A cette place, sur une surface circulaire large de 3 à 4 millimètres, on voit un méplat d'une couleur plus tendre, au centre duquel il y a un point rouge vif. Autour de ce point apparaît un petit cercle blanchâtre; plus tard, on remarque un petit pertuis qui semble percé comme avec un poinçon, à fond saignant.

A la *face dorsale des doigts*, c'est un simple point d'érosion rougeâtre qui saigne; à la *face interne des doigts*, c'est à peu près le même aspect; aux *plis de flexion*, les pigeonneaux empruntent leur figure aux crevasses et aux gerçures sur lesquelles ils se développent; au *dos de la main*, la forme tubéreuse prédomine; à la *paume*, c'est la forme des pigeonneaux de la pulpe des doigts.

A la période d'état, le pigeonneau est une ulcération cratériforme ayant 2 millimètres à 1 centimètre de diamètre. Les bords sont constitués par un bourrelet lisse et luisant, formé de tissus épaissis, indurés. La lésion, dans son ensemble apparaît comme un *oignon*, une tubérite ulcérée en son milieu. L'ulcération est en général taillée à l'emporte-pièce, sa profondeur est de 1 à 5 millimètres environ. Le fond en est grisâtre et sanieux ou rouge; s'il est comblé par une petite croutelle, il ressemble vaguement à un œil d'oiseau, d'où peut-être le nom de *pigeonneau* (Brocq); mais les autres termes que l'on emploie pour le dénommer : « rossignol », « tourtereau », « perdreau » font croire que les ouvriers les ont trouvés pour expliquer leurs douleurs qui les font « chanter »?

Quel que soit son siège, le pigeonneau est toujours accompagné par les mêmes phénomènes douloureux. Ceux-ci sont parfois extrêmement pénibles, surtout dans les pigeonneaux de la pulpe des doigts. Pendant la nuit, les malades sont en proie à des élancements atroces qui empêchent tout sommeil et au matin les doigts raidis par la douleur se refusent à tout mouvement.

Quand les ouvriers cessent leur travail, la guérison se produit vite; chez les *teinturiers*, par exemple, que le siège différent du pigeonneau ne force pas à interrompre leur travail, l'action constante des caustiques explique la transformation des érosions en de larges ulcérations, rebelles à se cicatriser et qui laissent souvent *après elles des infirmités durables*. On a pu observer des infections secondaires sous forme de tournioles, de panaris, même de phlegmons profonds des mains, et consécutivement à tout cela des cicatrices avec brides douloureuses ou des attitudes vicieuses.

L'un de nous a observé un malade, teinturier en étoffes, chez lequel l'emploi du bichromate de potasse avait produit des pigeonneaux graves et multiples des paumes des deux mains, lesquels furent suivis de phlegmons profonds qui guérirent en laissant une impotence fonctionnelle presque absolue causée par la rétraction des aponévroses palmaires des deux côtés (1).

Le pigeonneau est dû, d'abord, à l'effraction de la lame cornée de l'épiderme produite par des causes multiples, au premier rang desquelles il faut placer les traumatismes professionnels, c'est-à-dire les modifications pathologiques du tégument cutané résultant de la répétition fréquente et journalière

(1) Le Roy des Barres, cité dans la thèse de Lhuillier.

du même geste professionnel; l'action plus ou moins lente, sur les tissus ainsi mis à nu, des substances caustiques employées dans ces professions et parmi lesquelles il faut citer : la chaux et l'arsenic chez les mégissiers, tanneurs, etc., l'apprêt au bichromate de potasse chez les teinturiers, la chaux chez les brunisseurs en orfèvrerie; enfin, l'eau de Javelle et le carbonate de soude chez les blanchisseuses.

Cette affection peut déterminer une incapacité de travail pendant des semaines et des mois et laisser même après elle une impotence fonctionnelle plus ou moins complète.

Dermatoses des fileuses et varouleurses de lin.

M. Leloir a particulièrement étudié les éruptions dans les usines où se travaille le lin. Les ouvriers sont occupés à filer les mèches et les fils de lin et à les rattacher quand ils se brisent; or, ces mèches sont disposées dans de grandes boîtes remplies d'eau chaude. Cette eau contient par litre 0,046 de chlorure de sodium; 0,021 de sulfate de chaux; 0,115 de chaux combinée aux acides organiques; 0,458 de matières organiques gommeuses et acides. Cette eau favorise la macération de l'épiderme et, par les substances irritantes qu'elle contient, peut facilement amener chez certains sujets de la dermite eczémateuse.

Cette affection est symétrique et atteint surtout les mains, la face palmaire du pouce, la face palmaire et externe de l'index, le bord et la face palmaire de lamain ainsi que les parties inférieures des avant-bras.

Elle évolue rapidement vers la guérison.

Folliculite et périfolliculite des fileurs et des rattacheurs (bouton d'huile).

Dans les usines où l'on se sert de métiers, il est indispensable de graisser largement les machines avec des huiles presque toujours impures et irritantes; les métiers suintent, et l'huile qui en découle souille les mains des ouvriers.

Siégeant aux mains, aux avant-bras et aux membres inférieurs particulièrement à la face antérieure des cuisses et à la face postérieure du mollet, l'affection est une folliculite et une périfolliculite. Au début : saillie des follicules, apparition de petites papules centrées par un poil; au sommet de ces éléments naissent des vésicules entourées d'un cercle érythémateux.

Prurit assez intense. Évolution rapide.

Note complémentaire sur les affections des yeux (ophtalmoconiose) et du nez d'origine professionnelle.

Les lésions des yeux sont causées, en général, par les matières pulvérulentes.

On conçoit facilement qu'elles peuvent différer de gravité suivant l'origine des poussières, leur irrégularité, leur grosseur.

Elles diffèrent de gravité suivant que la poussière agit d'une façon purement mécanique (*poussières pierreuses*) ou qu'elle agit en outre par ses qualités *chimiques*, *eschadrotiques* ou *caustiques* (*poussières salines*), ou bien qu'elle possède une action destructive d'ordre nécrobiosique (*poussières organiques* ou *organisées*).

Paupières. — Si la paupière est touchée, c'est la *blépharoconiose.*

On peut rencontrer une simple *rougeur* du rebord palpétral, soit une série de petits *nodules* de nature furonculeuse, soit une forme *ulcéreuse* avec production de croûtelles au niveau des cils ou dans leurs intervalles.

Cette dernière variété se rencontre surtout chez les ouvriers exposés à l'action des poussières caustiques : *arsénicales*, *chromiques*, *alcalines diverses.*

La *blépharite cicatriculaire* est caractérisée par la présence de petites cicatrices dues à des *brûlures* produites par des paillettes incandescentes : *forgerons*, *serruriers*, *fondeurs.*

A citer parmi les *blépharoconioses* les plus rebelles, celles des *scieurs de long*, des *tourneurs sur bois*, des *jaugeurs de blé*, des *droguistes*, des *broyeurs d'écorces médicinales*, des ouvriers des *filatures de lin ou de chanvre.*

Il en est de même avec certaines poussières d'origine animale, comme cela se rencontre chez les *criniers*, les *brossiers*, les *pelletiers*, les *plumassiers.*

Conjonctive. — La conjonctive peut être le siège de conjonctivite :
hyperhémique (poussières fines et indifférentes);

granuleuse............ { poussières irritantes; ouvriers qui manipulent le soufre, plâtriers.

hypertrophique......... { poussières nuisibles. { Pterygion des maçons.
— des chaufourniers.
— des plâtriers.
— des tailleurs de pierres.
— des marbriers.
— des plafonneurs.

Cornée. — Le traumatisme de l'œil est généralement accompagné d'un simple travail inflammatoire favorisant l'élimination du corps étranger enclavé à la surface de la cornée.

Les corps étrangers de nature organique font autrement : fragments de végétaux, d'épines, barbes d'épi, d'avoine, brin de paille, graines fourragères, fragments de poils, de crins. Ils se gonflent par imbibition des liquides de l'œil et peuvent amener le développement d'accidents infectieux.

La nécrobiose des tissus de l'œil caractérise ces affections oculaires professionnelles, entre autres la *kératite des moissonneurs*, causée par la pénétration de barbes d'épi dans la cornée, suivie plus ou moins rapidement d'*ulcération perforante* ou d'hypopyon.

Dans le même ordre de faits rentre :

la *kératite* des équarrisseurs d'arbres,
— des nacriers,
— des dévaseurs,
— des débourreurs de cocons altérés,
— des scieurs d'os,
— des batteurs de blé.

Citons encore les ophtalmoconioses des *cannissiers, tresseurs de paille*, des *vanneurs de grains*, des *batteleurs de foin*.

On peut ranger à côté des accidents oculaires la *rhinite perforante* observée surtout :

chez les ouvriers *exposés aux poussières arsénicales*,
— des fabriques de *bichromate de potasse* (1),
— éjarreurs de poils (fabrication des chapeaux de feutre),
— soudeurs de boîtes de conserves,

ainsi que chez : { les chaufourniers et les braseurs de tuyaux de cuivre,
les ouvriers en ciment.

(1) Dans les fabriques de chromate, la perforation de la cloison des fosses nasales est un symptôme très frappant. Cette perforation est précédée d'une vive irritation de la pituitaire et de la conjonctive. Du larmoiement, des éternuments fatigants, un besoin incessant de se moucher, traduisent d'abord cette irritation qui va sans cesse en augmentant d'intensité. Au début, le matière expulsée est du muco-pus. Bientôt on y aperçoit des débris de muqueuse; dès le 6ᵉ ou le 8ᵉ jour, la cloison s'amincit, se perfore et se détache en partie.

Les parcelles chromiques en s'engageant dans les voies respiratoires peuvent déterminer des *ulcères de la gorge* qui en imposent pour des accidents syphilitiques.

RAPPORT GÉNÉRAL
DE LA COMMISSION D'HYGIÈNE INDUSTRIELLE

PAR M. **LECLERC DE PULLIGNY**,

INGÉNIEUR EN CHEF DES PONTS ET CHAUSSÉES,

SECRÉTAIRE DU COMITÉ CONSULTATIF DES ARTS ET MANUFACTURES.

Dans sa séance du 3 mars 1901, la Commission d'hygiène industrielle du Ministère du commerce a été saisie par M. le Ministre de l'examen des deux questions suivantes :

1° Étude des maladies exclusivement engendrées ou nettement provoquées par un travail professionnel;

2° Établissement de la liste des industries susceptibles d'engendrer ou de provoquer ces maladies.

La Commission a consacré douze séances à l'étude qui lui était demandée. Elle a entendu et discuté dix rapports qui avaient été imprimés et distribués avant les séances.

Des procès-verbaux ont été dressés, portant compte rendu analytique des délibérations.

Les conclusions des rapports présentés à la Commission et les discussions qu'ils ont motivées peuvent se résumer comme il suit :

***

Il convient d'abord d'observer, et la constatation a été faite plusieurs fois au cours des séances, que la Commission a reçu un mandat limité aux maladies dont « la profession est la cause organique, exclusive ou essentielle ». Si désirable que soit la réparation du dommage causé à l'ouvrier par toutes les maladies qui peuvent le frapper, ce n'est pas cette réparation générale et extensive que la Commission est chargée de poursuivre. La Commission ne doit pas porter ses investigations en dehors des professions ou des travaux qui peuvent causer une maladie spéciale, et parmi les ouvriers malades ayant travaillé dans ces professions ou à ces travaux, elle ne doit retenir que ceux qui sont atteints de ladite maladie. Elle est obligée par conséquent d'ignorer ceux qui souffrent d'une maladie ordinaire, et qui auraient pu la gagner en exerçant une autre profession ou sans en exercer aucune.

La pensée du législateur suisse a été la même : « Le Conseil fédéral désigne celles des industries dont l'exercice *suffit* à engendrer certaines maladies graves (1)...... Le fabricant est responsable du dommage causé à un employé ou à un ouvrier *par une de ces maladies* lorsqu'il est constaté qu'elle a *exclusivement* pour cause l'exploitation de la fabrique » (2).

Une mission de l'Office du travail a constaté que la réparation des dommages ainsi limitée fonctionne en Suisse depuis seize ans (1887) sans avoir soulevé aucune difficulté et sans que le contentieux relatif à cette réparation se distingue de celui qui se rapporte aux accidents du travail.

La responsabilité mise à la charge des patrons a eu un autre résultat important, c'est de les disposer à accepter et même à devancer les suggestions de l'Inspection du travail en matière d'hygiène, eux-mêmes se trouvant matériellement intéressés à n'avoir pas de maladies sérieuses à indemniser. C'est ainsi que dans des industries insalubres, les industriels ont d'eux-même organisé une visite médicale mensuelle avec registre d'usine nominatif. Les malades sont soignés dès le début de leurs accidents et changés de poste ou même congédiés s'ils ne sont pas assez robustes pour résister.

De la limitation apportée à son programme, la Commission tire une première conséquence importante, c'est que la tuberculose n'est pas comprise d'une façon générale dans le champ de son étude. Elle n'y a été rattachée que dans un cas spécial, celui des pneumokonioses (voir p. 143).

Il est trop certain que la tuberculose est une maladie fréquente dans l'industrie, surtout la moyenne et la petite. Des ateliers surpeuplés où l'air se renouvelle mal, où la lumière pénètre insuffisamment, des heures de travail trop longues et des tâches qui exigent un excès de force ou un excès d'attention, voilà des causes de dépression et de surmenage qui rendent l'invasion du microbe facile. Mais ces causes ne sont ni particulières à une industrie, ni spéciales à l'industrie elle-même. On les rencontre dans bien d'autres occupations, celles du commerce notamment. Ces causes enfin sont loin d'être seules et il est presque impossible d'évaluer leur importance relative par rapport à d'autres conditions malheureusement usuelles, ou presque, de la vie ouvrière : l'hérédité pathologique, les soucis, l'alimentation défectueuse, les logis surpeuplés et malpropres, même sans parler d'alcoolisme ni d'autres excès.

***

La Commission a été conduite à faire une autre constatation d'ordre général, c'est que les maladies essentiellement professionnelles qu'elle est chargée d'étudier sont surtout les maladies chroniques que peut produire à la longue la répétition constante des mêmes intoxications.

Parfois, quelques-unes de ces intoxications se produisent, il est vrai, à dose massive et presque foudroyante par suite d'un événement fortuit et il

(1) Art. 5 de la loi du 23 mars 1877 sur les fabriques.
(2) Art. 3 de la loi du 25 juin 1881 sur la responsabilité civile des fabricants.

arrive qu'elles causent ainsi la mort ou une indisposition grave, quoique souvent de courte durée : tel est le cas de la septicémie charbonneuse et de certains empoisonnements par l'hydrogène arsenié et l'hydrogène sulfuré, par le sulfure de carbone et l'oxyde de carbone.

Ces intoxications brutales ont tous les caractères d'un événement soudain et violent, d'un véritable accident du travail.

Le plus souvent, aucun doute n'est permis sur la nature de l'indisposition, ni sur sa cause professionnelle. Sa réparation peut être poursuivie d'après les principes et les méthodes fixés par la loi du 9 avril 1898 sur les accidents du travail. Il est juste et logique qu'il en soit ainsi. En fait, telle a été l'intention du législateur et les tribunaux ont jugé plusieurs fois dans ce sens.

Il est donc superflu que la Commission s'attarde à ces intoxications massives qui sont déjà classées parmi les accidents du travail. Elle aura seulement occasion de les définir en les rencontrant sur sa route, dans le groupe de la maladie professionnelle dont elles sont une modalité très particulière.

***

Il y aurait ici une distinction théorique à faire entre les maladies aiguës et les maladies chroniques professionnelles. Les maladies aiguës interrompant brusquement le travail, faciles à reconnaître et à attacher à leur cause pourraient être déclarées dans un très bref délai.

Au contraire, les maladies chroniques dont le diagnostic causal est beaucoup plus délicat, et demande d'être mûrement pesé, ne sauraient dans la plupart des cas faire l'objet d'une déclaration immédiate. Un délai de plusieurs semaines à plusieurs mois sera souvent nécessaire.

Dans la pratique la distinction théorique qui vient d'être établie ne saurait être admise. La Commission a pensé qu'il y a lieu d'établir seulement une règle générale comptant avec les cas les plus difficiles et de dire que toute maladie professionnelle doit être déclarée dans les trois mois qui suivent l'incapacité de travail.

***

Une autre question de principe a été résolue par la Commission au cours de la discussion générale. C'est celle qui concerne la prédisposition aux manifestations d'une maladie professionnelle, prédisposition dont un ouvrier peut être déjà affecté quand il entre chez un patron, soit qu'elle résulte d'une faiblesse personnelle, soit que son organisme ait déjà souffert de la même maladie dans un autre atelier.

La Commission constate que l'âge, l'intempérance et diverses dispositions personnelles diminuent les défenses naturelles de l'organisme et facilitent ou aggravent les intoxications, mais elle constate aussi qu'ici comme en matière d'accidents du travail la responsabilité du patron actuel ne peut pas être écartée. Là aussi, la vie antérieure de l'ouvrier, ses dispositions naturelles et son hygiène peuvent modifier ses chances d'accident : l'ouvrier intempérant, âgé, épuisé par des excès ou par sa profession, voyant mal, incapable d'attention, de mouvements précis ou rapides, est plus exposé qu'un autre. Si un patron l'engage dans ces conditions, sans chercher à les connaître ou les connaissant, et s'il l'occupe à un travail dangereux il doit en supporter la responsabilité.

En matière de maladie professionnelle, les deux seules questions qui se poseront seront toujours celles-ci : 1° la manifestation morbide considérée provient-elle d'une maladie professionnelle? 2° cette maladie professionnelle dépend-elle de la dernière occupation du malade?

Si les deux réponses sont affirmatives, c'est le dernier patron qui sera responsable.

Si, au contraire, la maladie actuelle dépend d'une profession précédente, la responsabilité d'un patron antérieur pourra être recherchée sauf la prescription établie par la loi.

***

Si l'ouvrier peut établir qu'il a déjà souffert antérieurement d'une ou plusieurs maladies professionnelles , et s'il peut prouver qu'il a toujours été indemne d'autres maladies non professionnelles dont les manifestations puissent se confondre avec celles des premières, il fournira d'importants arguments au médecin expert qui devra décider du rattachement d'une manifestation morbide à une maladie professionnelle, lorsque cette manifestation se présente souvent parmi les ouvriers et ailleurs avec des causes banales qui n'ont rien d'industriel. Tel est le cas, par exemple, de l'anémie, de la néphrite, de la goutte et de l'artério-sclérose qui se rencontrent dans une foule de maladies et qui cependant sont aussi les manifestations les plus fréquentes d'une longue imprégnation saturnine. Si l'homme de l'art ne dispose pas d'une sorte d'histoire de la pathologie professionnelle de l'ouvrier malade, il pourra trouver dans ces symptômes une très grande vraisemblance d'intoxication saturnine : il ne disposera pas d'une quasi-certitude à cet égard.

Des renseignements fournis par les divers rapporteurs et des discussions de la Commission il résulte que cette histoire individuelle de la pathologie professionnelle de chaque ouvrier sera un élément de diagnostic indispensable dans tous tous les accidents chroniques des divers empoisonnements industriels. Seuls quelques accidents aigus pourraient être rattachés *ipso facto* à leur cause, mais la nécessité de pourvoir au diagnostic des empoisonnements chroniques dans les mêmes professions, exigera l'établissement d'une histoire pathologique de chaque ouvrier dans toutes les industries où la réparation des dommages causés par les intoxications professionnelles devra être poursuivie.

Sous quelle forme l'histoire pathologique du sujet doit-elle être enregistrée? Registre d'usine ou livret individuel? Le deuxième serait évidemment d'un usage plus commode que le premier mais l'ancien livret d'ouvrier a encouru des reproches très graves qui l'ont fait supprimer et qui seraient sans doute opposés au livret sanitaire individuel. On ne voit pas d'ailleurs en quoi il serait absolument nécessaire. Il suffit qu'un registre nominatif des ouvriers soit tenu et *conservé* à l'usine ou ailleurs avec les inscriptions voulues et qu'il soit muni d'un répertoire également nominatif pour que l'histoire pathologique d'un ouvrier soit reconstituée le jour où elle sera nécessaire. Le malade pourra indiquer les maisons où il a travaillé et l'époque de son passage ; il aura tout intérêt à être muni de ces renseignements.

Ce qui est certain, c'est que le registre sanitaire pour être complet devra mentionner, avec un détail suffisant, toutes les maladies de l'ouvrier, qu'elles soient spéciales à sa profession ou non. La conséquence de cette nécessité sera l'obligation des soins médicaux, assurés par un médecin d'usine, pour toutes les maladies, dans les industries exposées aux intoxications.

***

Afin de partager entre divers rapporteurs l'étude des maladies dont l'exercice de la profession est la cause organique, exclusive ou essentielle, la Commission devait tout d'abord arrêter au moins provisoirement une liste de ces maladies.

L'énumération qui a été adoptée diffère peu de celle qui est jointe au projet de loi de M. le député Breton et de la liste fournie par l'arrêté fédéral suisse du 19 décembre 1887. On en retrouve les éléments dans l'étude générale sur les intoxications professionnelles publiée en 1901 par l'Office du travail français sous le titre « Poisons industriels ».

C'est en effet en rattachant les principales maladies professionnelles au poison industriel qui en est la cause originelle que la Commission a arrêté l'énumération qui est indiquée ci-dessous avec les noms des honorables rapporteurs.

MALADIES CAUSÉES PAR		NOM des Rapporteurs.
Le plomb et ses composés	MM. les Drs	THOINOT
Le mercure et ses composés		JOSIAS.
L'arsenic et ses composés		BOURGES.
Le sulfure de carbone		HEIM.
La benzine, la nitro-benzine, l'aniline, les essences diverses		COURTOIS SUFFIT.
L'hydrogène sulfuré		COURTOIS-SUFFIT.
Les vapeurs et gaz vénéneux ou caustiques		LE ROY DES BARRES.
Les virus de la variole et du charbon		BRÉMOND.
Les poussières à pneumonies		COURTOIS-SUFFIT.
Les dermatoses d'origine professionnelle		LE ROY DES BARRES et COURTOIS-SUFFIT.

La Commission a décidé d'écarter les maladies causées par le phosphore et par la nicotine.

Ces maladies ont une assez grande importance à l'étranger où la confection des allumettes et des produits du tabac est laissée à l'industrie privée et s'exerce souvent en chambre dans des conditions d'hygiène déplorable. En France ces industries s'exercent uniquement dans des ateliers appartenant à l'État et celui-ci a toujours accordé libéralement les soins médicaux et les indemnités à son personnel en cas de maladie d'origine quelconque. Dans ces ateliers, les conditions d'hygiène sont de tout point satisfaisantes et les intoxications inconnues. Elles ont complètement cessé depuis 1898 en ce qui touche les allumettes; aucune parcelle de phosphore blanc (ou jaune) n'est plus employée à leur fabrication depuis cette époque et cette dangereuse substance a été entièrement remplacée par le sesquisulfure de phosphore, produit inoffensif. Quant à l'industrie de la fabrication du phosphore elle est concentrée dans deux usines privées où aucune intoxication n'a été relevée depuis fort longtemps. Aucune application notable du phosphore n'existe en dehors de la fabrication des allumettes.

La Commission a décidé de ne pas considérer d'autres toxiques que ceux dont l'étude a été répartie entre ses rapporteurs et qu'on peut appeler les *grands poisons industriels* : on peut dire qu'il n'existe pas à proprement parler d'intoxications professionnelles en dehors de celles qui se rattachent à ces grands poisons, ou s'il en existe, ce sont des indispositions bénignes, passagères, et spéciales à des professions peu nombreuses.

Si le législateur consent à réparer les dommages causés par *les grands poisons* le principal sera fait et ce but aura d'autant plus de chance d'être atteint qu'il sera mieux limité.

C'est pour les mêmes raisons que la Commission a décidé de ne pas examiner d'autres maladies professionnelles que les intoxications.

***

La discussion générale a montré que les mêmes questions se posaient pour chacun des poisons considérés et qu'il était avantageux de les examiner dans l'ordre suivant :

1° *Diagnostic des accidents.*

(Il est bien entendu que dans tout ce qui suit, le mot accident est pris dans son acception médicale et non dans celle d'événement brutal et soudain qu'il a dans la loi de 1898; la question des intoxications massives qui sont de véritables accidents aux termes de cette loi a été traitée dans ce qui précède.)

a) Quels sont les accidents par lesquels se manifeste l'intoxication?

b) Quels sont ceux qui peuvent provenir ordinairement ou exceptionnellement avec les mêmes symptômes d'autres causes?

c) Avec quelle certitude chacun d'eux peut-il être rattaché à l'action du poison?

d) Dans quel délai, à partir de l'origine de l'incapacité de travail, peuvent être faits ce rattachement et la déclaration légale qui suivrait?

2° *Conséquences des accidents.*

Quelles sont les conséquences que l'accident peut entraîner? Peut-il causer notamment : la mort?

Une incapacité de travail..	permanente.	totale?	
		partielle?	
	temporaire..	totale....	de quelle durée?
		partielle..	

Une indisposition sans chômage?

3° *Délais de revision et de prescription.*

Combien de temps après la cessation du travail dangereux, chaque accident peut-il se produire?

Quels délais de revision et de prescription doivent être substitués à ceux qui sont prévus par les articles 19 et 18 de la loi du 9 avril 1898 (trois ans et un an).

4° *Liste des professions correspondantes.*

Quelles sont les professions où les intoxications sont assez caractérisées pour qu'il y ait lieu d'y prévoir la réparation des dommages qu'elles causent?

***

A la question « Dans quel délai le diagnostic peut-il être établi, etc... » il a été répondu pour l'ensemble des intoxications étudiées à la page 118 de ce rapport et nous n'y reviendrons pas dans l'analyse qui suit.

En ce qui concerne la liste des professions les plus exposées aux diverses intoxications, la Commission fait remarquer que ses rapporteurs n'ont pu fournir que des renseignements approximatifs basés sur des travaux souvent anciens et que ces renseignements ont surtout pour but de délimiter le champ dans lequel des recherches plus précises pourraient être entreprises.

Des études sur certaines intoxications professionnelles ont été réalisées à diverses époques par des praticiens éminents; mais ces études n'ont pas établi et ne pouvaient établir de relation numérique entre les cas de maladies observés et l'importance de la population professionnelle dont les malades faisaient partie. D'autre part, les procédés de beaucoup d'industries se modifient très rapidement et telles professions menacées d'un danger sérieux jadis n'en présentent plus aucun aujourd'hui ou souffrent d'un autre.

Quant à la statistique des hôpitaux, celle des hôpitaux parisiens notammemnt, elle fournirait plus facilement des résultats comparables à la population d'un groupe professionnel déterminé. Mais deux obstacles se dressent devant ces comparaisons; la statistique des hôpitaux ne sait rien des malades non indigents soignés à domicile et la proportion de ceux-ci varie beaucoup avec les professions et les époques; d'autre part, les causes de maladie sont inscrites à l'hôpital sans tenir compte de leur origine professionnelle quand la maladie n'est pas absolument et évidemment spéciale à une industrie ce qui est le cas le plus fréquent.

Pour disposer de renseignements précis sur le coefficient de morbidité spécifique des professions exposées aux intoxications professionnelles, il faudrait qu'une étude spéciale fût entreprise. Il semble qu'elle pourrait utiliser la statistique des sociétés de secours mutuels de quelques grands centres industriels à condition que pendant la période de temps embrassée, l'inscription des causes de maladie fût faite avec une attention spéciale en vue de les rattacher chaque fois qu'il serait possible à leur cause professionnelle; une autre mesure qui pourrait fournir une documentation encore plus complète consisterait à ajouter les intoxications professionnelles à la liste des maladies dont la loi sur la santé publique rend la déclaration obligatoire. Cette déclaration obligatoire de certaines maladies professionnelles existe déjà en Angleterre.

*
* *

LE SATURNISME PROFESSIONNEL.

MALADIES CAUSÉES PAR LE PLOMB ET SES COMPOSÉS.

Le premier rapport soumis à la Commission a été celui de M. le docteur Thoinot concernant les accidents professionnels saturnins. On le trouvera *in extenso* à la page 5. On a résumé ci-après les conclusions qui se dégagent de ce rapport et de la discussion à laquelle il a donné lieu.

1° *Diagnostic des accidents.*

a) Quels sont les accidents par lesquels se manifeste l'intoxication?

Le plomb et tous ses composés sont toxiques, également toxiques et l'empoisonnement unique qu'ils causent, dénommé saturnisme, est presque toujours accompagné d'une coloration du bord des gencives dite *liseré saturnin* ou *liseré de Burton.* Cet empoisonnement n'affecte jamais la forme suraiguë, violente, brutale, dont il a été parlé précédemment et qui aurait dès maintenant le caractère d'un véritable accident de travail.

Les accidents par lesquels l'intoxication saturnine se manifeste peuvent se classer en deux groupes.

Le premier est celui des accidents aigus ou subaigus parmi lesquels les coliques de plomb et la paralysie des avant-bras sont caractéristiques; on trouve aussi dans ce groupe des myalgies-arthralgies et d'autres troubles des nerfs moteurs et sensitifs : paralysies, encéphalopathie, hystérie saturnine et tremblements.

Le deuxième groupe est celui des accidents chroniques de la cachexie saturnine.

Les intoxiqués y arrivent à travers une série d'épisodes du premier groupe plus ou moins nombreux et se succédant plus ou moins vite. Les accidents chroniques sont dus à l'imprégnation profonde de l'individu ; ils se marquent par l'anémie progressive, la néphrite saturnine, la goutte saturnine et l'artériosclérose.

b) Quels sont les accidents qui peuvent provenir ordinairement ou exceptionnellement; avec les mêmes symptômes, d'autres causes ?

La colique de plomb et la paralysie des avant-bras ont un cachet clinique tout particulier auquel un médecin ne se trompe guère et le diagnostic s'impose le plus souvent dès le début de l'accident, sans doute possible, même sans casier sanitaire et même sans renseignement sur la profession du malade. On peut dire que ces deux accidents ne peuvent provenir d'autres causes avec les mêmes symptômes.

Tous les autres accidents qui manifestent le saturnisme, au contraire, peuvent exister avec les mêmes symptômes et avec d'autres causes. Ils peuvent même se rencontrer chez des saturnins, coïncider avec l'existence du liséré et ne pas être causés par le saturnisme. Les myalgies et arthralgies peuvent provenir d'un rhumatisme. L'urémie, l'épilepsie, la siphylis cérébrale, des tumeurs ou des hémorragies du cerveau peuvent causer soit des paralysies, soit les manifestations de l'encéphalopathie: délire, convulsions, coma... L'anémie saturnine, la néphrite saturnine, la goutte saturnine ne se différencient en rien de l'anémie, de la néphrite et de la goutte ordinaires.

c) Avec quelle certitude chacun des accidents peut-il être rattaché à l'action du poison?

Le rattachement ne se fait avec une certitude presque absolue que pour la colique de plomb et la paralysie des avant-bras, quand elles existent chez un ouvrier exposé au plomb et présentant le liséré de Burton. Il se fera avec une quasi-certitude pour d'autres paralysies, pour les myalgies et arthralgies, et pour l'encéphalopathie quand ces manifestations existeront chez un saturnin avec un des cas précédents de coliques de plomb et de paralysie des avant-bras, ou bien leur succéderont immédiatement.

Dans tous les autres cas d'accidents aigus ou subaigus et dans tous les accidents chroniques, le diagnostic différentiel de leur origine saturnine ne pourra reposer que sur l'étendue des antécédents de pathologie professionnelle et générale du malade, sur la considération d'accidents saturnins antérieurs et sur l'exclusion des autres affections qui pourraient avoir créé la même lésion organique et partant les mêmes symptômes. Les bases de ce diagnostic ne pourront être fournies que par le livret ou le registre sanitaires.

2° *Conséquences des accidents.*

La colique de plomb en elle-même n'a pas de gravité. Elle ne compromet pas la vie — sauf complication intercurrente — telle qu'un accès d'encéphalopathie. Elle ne laisse par elle-même aucune suite et ne cause qu'une incapacité de travail temporaire absolue. La durée de l'accès et de sa convalescence est très variable, de quelques jours à plusieurs semaines selon qu'elle est traitée ou non. Les récidives sont fréquentes pendant et après la convalescence. Elles sont impossibles à prévoir.

Les myalgies et arthralgies peuvent exister isolément. Elles ne causent qu'une incapacité temporaire qui peut être partielle (simple gêne), ou totale (douleur atroce). Rien ne peut faire prévoir leur durée qui peut varier de quelques jours à quelques semaines ou à plusieurs mois.

La paralysie radiale des avant-bras et les autres paralysies, qui sont très rares, ne causent jamais la mort. Elles sont, en règle générale, curables et se soldent par une incapacité de travail temporaire totale.

Cependant, Grisolle et Mᵉ Déjerine signalent quelques cas incurables, laissant une incapacité de travail permanente soit totale, soit seulement partielle. Ces cas sont très rares.

Si l'on retire de l'encéphalopathie les cas d'apoplexie hystérique qui relèvent de l'hystérie saturnine, il reste les cas délirants et convulsifs qui se terminent par le coma et la mort ou qui guérissent complètement, n'ayant causé qu'une incapacité temporaire totale de une à quatre semaines (deux à six avec la convalescence).

L'hystérie saturnine, quand elle se manifeste par une anesthésie qui existe seule, est généralement ignorée du sujet et ne constitue même pas une diminution de la capacité du travail.

Des paralysies hystériques causent des incapacités totales, généralement temporaires, car elles guérissent, mais elles peuvent durer longtemps (plusieurs années) et récidiver à de longs intervalles (deux ou trois ans), le plus souvent sous l'influence de l'émotion ou de la fatigue.

Les accidents chroniques du saturnisme (anémie, néphrite, goutte, artério-sclérose), traduisent une imprégnation profonde de l'organisme et n'apparaissent qu'après une longue exposition professionnelle. Peu importe alors que l'ouvrier soit soustrait ou non dans la suite au poison. Il existe une lésion organique du sang, du rein, de l'appareil circulatoire. La lésion, une fois créée, évoluera fatalement, que l'ouvrier continue son travail ou non.

L'anémie saturnine n'existe jamais seule. La goutte saturnine est rare en France. Elle évolue comme la goutte vulgaire, passant par une série d'épisodes aigus qui entraînent antant de périodes d'incapacité temporaire totale de travail et aboutissant ensuite rapidement aux déformations articulaires multiples avec incapacité totale permanente.

La néphrite et l'artério-sclérose coexistent fréquemment chez les saturnins confirmés.

La première se manifeste par les signes habituels de l'atrophie rénale et c'est généralement la diminution de la capacité de travail qui appelle sur eux l'attention du malade. Donc incapacité partielle au début se transformant rapidement en incapacité totale et évoluant ensuite vers la mort par urémie, asystolie, hémorragie méningée ou cérébrale, etc., suivant un processus qui peut aboutir très rapidement ou durer des années, selon les soins que reçoit le malade.

L'artério-sclérose ou induration des artères a des effets désastreux sur le cœur, les reins, le cerveau, sur l'ensemble de l'économie, en un mot, qu'elle frappe de déchéance profonde. Elle met le sujet en incapacité de travail absolue et permanente quand elle atteint un certain degré et constitue, au point de vue de l'existence, une grave menace.

3° *Délais de revision et de prescription* :

Toutes les manifestations du saturnisme peuvent se produire, associées ou isolément, après cessation du travail saturnin. Toutes celles qui causent une incapacité permanente peuvent s'aggraver après un temps variable, quelquefois très long.

Au point de vue des délais de revision et de prescription, une distinction importante doit être faite selon qu'il s'agit du groupe des accidents aigus et subaigus ou de celui des accidents chroniques auquel il faut joindre l'hystérie, disjointe du premier groupe.

Dans celui-çi, qui contient les coliques, les myalgies-arthralgies, les paralysies et l'encéphalopathie, il n'existe que de l'incapacité temporaire; donc pas de délai de revision à prévoir.

Bien que ces accidents se produisent presque toujours pendant le cours du travail saturnin, ils peuvent exceptionnellement se manifester après sa cessation. Les observations manquent pour fixer de manière précise un délai de prescription dans ce cas. Celui d'un an sera très généralement suffisant.

Dans le groupe des manifestations chroniques du saturnisme, au contraire (anémie, néphrite, goutte et artério-sclérose), auquel il faut joindre l'hystérie, les accidents peuvent se produire ou récidiver plusieurs années après la cessation du travail dangereux et il est impossible de fixer un délai après lequel on pourra affirmer que ce travail doit être mis hors de cause. Les accidents chroniques du saturnisme existent presque toujours ensemble, sauf la goutte, qui manque souvent. Ils causent toujours une incapacité permanente de travail, au moins partielle. Ils évoluent toujours par aggravation plus ou moins rapide jusqu'à la mort. On ne peut fixer un délai après lequel on puisse affirmer qu'une aggravation de l'état du malade n'a pas pour cause son saturnisme initial. On peut donc dire qu'au point de vue scientifique on ne peut fixer ni délai de revision ni délai de prescription dans le cas des accidents chroniques du saturnisme.

La question du délai de revision ne se pose pas pour l'hystérie saturnine, car sauf une légère insensibilité généralement ignorée du patient, elle occasionne des incapacités totales par paralysie qui sont souvent fort longues, mais qui guérissent presque toujours.

4° *Liste des professions dont l'exercice peut causer l'intoxication saturnine.* Toutes les professions où on manie le plomb, ses alliages ou ses composés, quels qu'ils soient, peuvent causer des accidents saturnins. Les sels de plombs insolubles dans l'eau et dans les acides faibles se décomposent dans l'économie quand ils sont absorbés en poudre fine, même le sulfate de plomb, même les silicates de plomb, au moins ceux qui sont très fusibles. C'est sous ce dernier état que le plomb est employé dans la décoration de la porcelaine et dans les fabriques d'objets émaillés, où les accidents ont été nombreux et graves dans certains pays.

Le docteur Layet a dressé un tableau de 111 professions exposées à l'intoxication saturnine. Le danger est loin d'être le même dans toutes. Il est spécialement sérieux quand la substance toxique est employée à sec, en poudre ténue, et maniée avec la main nue. Néanmoins, même si le composé plombique est employé à l'état humide, il est presque impossible d'éviter des projections de gouttelettes qui se dessèchent et deviennent une poussière. Cette poussière plombique s'attache aux cheveux, aux moustaches, aux vêtements. Elle se mêle aux aliments au moment des repas. Il suffit de quelques milligrammes de plomb pour que ces doses répétées, s'accumulant dans l'organisme, y produisent à la longue l'intoxication.

Donc, en principe, *toutes les professions où on manie le plomb et ses composés peuvent faire des saturnins.* Néanmoins, la Commission a cru nécessaire de séparer en deux groupes celles où le risque d'intoxication saturnine a paru certain.

La première catégorie comprend les industries où la manipulation du plomb, de ses alliages et de ses composés, est la base de l'industrie elle-même et ne peut être évitée ; la deuxième réunit les professions où la manipulation du plomb n'est qu'un travail en quelque sorte accessoire et peut généralement être remplacée par l'emploi d'une autre substance.

En pratique, on peut considérer que les industries et professions suivantes sont celles qui sont les plus exposées au saturnisme et où il y a lieu de rechercher d'abord les coefficients d'invalidité et de morbidité, soit parce que le danger y est grave, soit parce que la population ouvrière menacée est importante.

1re CATÉGORIE.

1° Industries manipulant le plomb ou ses alliages.

DÉSIGNATION DES INDUSTRIES.	CAUSES D'INTOXICATION.
Métallurgie, raffinage, fonte, laminage et ajustage du plomb et de ses alliages, fondeurs de caractères d'imprimerie, potiers d'étain, fabricants d'instruments de musique, etc.	Fumées et poussières plombiques, maniement du plomb et de ses alliages avec la main nue.
Plombiers-zingueurs, gaziers, typographes.	Maniement du plomb et de ses alliages avec la main nue. Fumée et poussières plombiques.

2° Industries manipulant les composés du plomb.

DÉSIGNATION DES INDUSTRIES.	CAUSES D'INTOXICATION.
Fabriques de couleurs de plomb, d'huiles et vernis plombiques : céruse, minium, litharge, huiles siccatives, vernis gras ; broyage de ces couleurs.	Poussières plombiques.
Fabrication des accumulateurs.	Fonte et travail du plomb métallique, emploi d'oxydes de plomb en poudre.

2e CATÉGORIE.

DÉSIGNATION DES INDUSTRIES.	CAUSES D'INTOXICATION.
Travail des ouvriers qui emploient une feuille de plomb en garniture sur l'enclume ou sur l'étau : tailleurs de limes, ciseleurs de métaux, etc.	Poussières plombiques.

DÉSIGNATION DES INDUSTRIES.	CAUSES D'INTOXICATION.
Conduite des métiers Jacquard dans les diverses industries textiles.	Poussières plombiques provenant du frottement des poids en plomb qui tendent les fils.
Travail des ouvriers qui emploient des mastics plombiques : chauffeurs, mécaniciens, chaudronniers, appareilleurs pour le gaz et l'électricité, etc.	Manipulation des mastics plombiques avec la main nue : poussières plombiques dans l'enlèvement des vieux mastics.
Fabrication de la poterie, de la faïence, du cristal et des métaux émaillés ; décoration de la porcelaine	Emploi d'émaux et de produits plombiques.
Travail des ouvriers qui emploient les couleurs, huiles et vernis plombiques : peintres en bâtiments et en atelier (meubles, voitures, wagons), vernisseurs, laqueurs, fabricants de toiles cirées et de cuirs vernis	Emploi de couleurs, huiles et vernis plombiques.
Dessinateurs sur étoffes	Emploi de poncifs à la céruse pour le décalque.
Travail des ouvriers qui emploient le chromate de plomb ou des matières teintes avec cette substance : teinturiers, guimpiers, fabricants de mesures métriques, fleuristes	Poussières toxiques, emploi par les fleuristes de papiers verts « à passer » contenant du jaune de chrome.
Travail des polisseurs de glaces	Emploi du mélange d'oxydes de plomb et d'étain dit « potée d'étain ».

***

L'HYDRARGYRISME PROFESSIONNEL.

MALADIES CAUSÉES PAR LE MERCURE ET SES COMPOSÉS.

Le deuxième rapport qui a été soumis à la Commission est celui de M. le docteur Josias sur les empoisonnements professionnels dus au mercure et à ses composés. On le retrouvera *in extenso* à la page 21. On a résumé ci-après les conclusions qui se dégagent de ce rapport et de la discussion à laquelle il a donné lieu.

1° *Diagnostic des accidents.*

a) Quels sont les accidents par lesquels se manifeste l'intoxication ?

Les intoxications suraiguës, violentes, accidentelles en quelque sorte par le mercure et ses composés, sont inconnues dans l'industrie. Quant aux accidents de l'intoxication professionnelle, on peut les ranger sous trois chefs :

1° Des troubles de la nutrition avec perte d'appétit, digestions altérées et amaigrissement ;

2° Des troubles nerveux avec diminution de la force musculaire et tremblement mercuriel ;

3° De la stomatite ou inflammation de la bouche avec salivation mercurielle.

b) Quels sont les accidents qui peuvent provenir ordinairement ou exceptionnellement avec les mêmes symptômes d'autres causes? et c) Avec quelle certitude chacun d'eux peut-il être rattaché à l'action du poison?

Les troubles de la santé générale qui forment le début de l'intoxication mercurielle, n'ont évidemment rien de caractéristique.

La stomatite, le tremblement et les autres troubles nerveux de l'hydrargyrisme peuvent être confondus avec des stomatites, des troubles nerveux et des tremblements n'ayant pas le mercure pour cause. Mais quand ces symptômes se succèdent ou coïncident chez un ouvrier exposé aux vapeurs de mercure, le doute n'est pas permis et le rattachement à la cause professionnelle se fait avec une quasi certitude.

Il n'en est pas de même quand les accidents considérés se produisent comme il arrive, longtemps après que l'ouvrier a cessé le travail dangereux. Il peut même se faire que ces accidents tardifs soient les premiers qu'il ait ressentis.

Dans ce cas la recherche du mercure dans les urines s'impose. Le registre sanitaire peut aussi rendre de grands services.

2° *Conséquences des accidents.*

On ne meurt plus d'hydrargyrisme professionnel en France. Il n'en est pas moins vrai que cette intoxication, comme toutes les autres, peut abréger la durée de la vie et faciliter l'éclosion de la tuberculose.

Sauf ces cas extrêmes les accidents légers sont fréquents et les accidents graves rares. Les uns et les autres sont susceptibles de disparaître par un traitement approprié surtout si l'ouvrier renonce à sa profession. Les uns et les autres peuvent évoluer pendant un temps assez long sans que l'ouvrier soit obligé de cesser son travail.

Quand l'incapacité arrive, elle est souvent temporaire et sa durée la plus habituelle sera de un ou deux mois pour les accidents légers. Quant aux accidents graves la durée de l'incapacité ne dépassera pas généralement six mois à moins qu'elle ne devienne permanente.

3° *Délais de revision et de prescription.*

Le délai de revision de trois ans paraît devoir couvrir la majorité des cas.

D'autre part, tous les accidents et surtout le tremblement peuvent récidiver ou même se déclarer pour la première fois longtemps après la cessation du travail dangereux. On ne peut donc pas d'une façon absolue fixer un délai de prescription; cependant en conservant celui d'un an inscrit dans la loi de 1898 on couvrira la très grande majorité des cas qui se présenteront.

4° Liste des industries exposées à l'intoxication mercurielle.

En dehors de l'exploitation des mines de mercure et de la métallurgie de l'or et de l'argent, qui n'existent pas en France, l'hydrargyrisme professionnel était autrefois célèbre dans trois industries : celle de la dorure sur métaux, celle de l'étamage des miroirs et celle du secrétage, préparation que les peaux subissent avant qu'on en coupe les poils en vue d'en faire les feutres destinés à la chapellerie.

Sauf des exceptions assez nombreuses dans les travaux de luxe, la dorure des métaux se fait aujourd'hui galvaniquement et les miroirs ne sont plus étamés mais argentés sans aucune intervention de mercure.

Le secrétage au nitrate acide demeure la cause principale de l'hydrargyrisme professionnel avec la manipulation des feutres qui retiennent de petites quantités de composés mercuriques (chapeliers) et celles des peaux et fourrures conservées au sublimé corrosif (fourreurs, pelletiers, empailleurs).

En dehors de ces professions et des ateliers de dorure et de miroiterie, en dehors aussi de quelques fabriques de produits chimiques et de marchands de couleurs où l'on prépare des couleurs à base de mercure, un très petit nombre d'ouvriers manipulent aussi cette substance dans la construction des baromètres et dans la préparation d'un jouet d'enfants nommé serpent de pharaon. Les employés des tirs forains sont exposés aux émanations dégagées par l'inflammation des capsules au fulminate de mercure et ont aussi fourni un petit nombre d'intoxications.

Il faut ajouter à cette liste les ateliers de fabrication de lampes à incandescence où le mercure est employé à faire le vide par le mécanisme des trompes à eau des laboratoires de chimie. Théoriquement, le mercure circule dans des tubes de verre et de fer sans aucune communication avec l'atelier, mais pratiquement les tubes de verre se brisent, le mercure se répand dans les fentes des tables et planchers et des intoxications sérieuses se produisent.

Il existe, paraît-il, maintenant des fabriques de lampe à incandescence où le vide est fait à l'aide de pompes à huile sans aucun emploi de mercure.

On doit enfin ajouter à la liste des industries qui emploient le mercure, la fabrication de certains accumulateurs signalés par un membre de la Commission.

Pendant la période de 4 années, écoulée de 1898 à 1901 il n'est entré que 25 malades hydrargyriques dans les hôpitaux de Paris. 11 étaient des coupeurs de poils et chapeliers, 2 étaient doreurs miroitiers, 2 pelletiers, 7 avaient des professions diverses et s'étaient déclarés journaliers.

D'après ce qui précède, il semble que la liste des industries exposées à des intoxications mercurielles serait courte. La Commission est d'avis de la constituer comme il suit :

DÉSIGNATION DES INDUSTRIES.	CAUSES D'INTOXICATIONS.
Secrétage des peaux	Emploi de mercure ou de composés mercuriels.
Fabrication et manipulation des chapeaux de feutre.	
Travail des fourrures et pelleteries	
Dorure et miroiterie.	
Fabrication de certains accumulateurs.	
Fabrication de lampes à incandescence	

Il serait juste d'exonérer de la responsabilité les ateliers où le patron s'engagerait à organiser son travail sans aucun emploi de composés mercuriels, ce qui est réalisable et a été réalisé dans toutes les industries considérées.

L'ARSENICISME PROFESSIONNEL.

MALADIES CAUSÉES PAR L'ARSENIC ET SES COMPOSÉS.

Le rapport sur les intoxications causées par l'arsenic a été rédigé par M. le docteur Bourges. On le trouvera *in extenso* à la page 29. On a résumé ci-après les conclusions qui se dégagent de ce rapport et de la discussion à laquelle il a donné lieu.

1° *Diagnostic des accidents.*

2° Quels sont les accidents par lesquels se manifeste l'intoxication?

L'intoxication professionnelle par l'arsenic comporte une forme suraiguë, violente, accidentelle en quelque sorte, analogue au coup de plomb de l'hydrogène sulfuré, et très grave : c'est celle qui frappe l'ouvrier exposé tout d'un coup à un abondant dégagement d'hydrogène arsénié.

Ainsi qu'on l'a vu précécemment, la Commission considère que cette forme accidentelle est dès maintenant justiciable de la loi de 1898 sur les accidents du travail.

En dehors de sa forme suraiguë l'arsenicisme se manifeste souvent par des accidents locaux, généralement légers. Le poison irrite la peau et plus rarerarement les muqueuses. Le siège des lésions se trouve aux points où le caustique est porté par les manipulations professionnelles, et ensuite en différentes régions : face, organes génitaux externes, face interne des cuisses, où il est transporté par les mains.

Sur les muqueuses, l'arsenic peut produire de la conjonctivite, de la stomatite, généralement sous une forme légère.

Lorsque c'est la peau qui est irritée, elle réagit de façon très variable, depuis l'œdème simple jusqu'aux éruptions érythémateuses, papuleuses, purpuriques, vésiculeuses, bulleuses et pustuleuses, pour aboutir assez souvent à des ulcérations qui peuvent s'infecter secondairement (Rossignol, choléra des doigts chez les mégissiers et les teinturiers).

L'arsenicisme professionnel affecte aussi une forme chronique dont tous les accidents peuvent s'accompagner d'une céphalgie intense et tenace qui est parfois la seule manifestation de l'empoisonnement. Les accidents débutent généralement par de l'embarras gastrique persistant, puis viennent, selon les cas, du coryza, de l'épistaxis, de l'aphonie, du catarrhe laryngé et bronchique simulant la grippe, une dyspnée qui rappelle l'asthme.

Avertis par ces symptomes et par les accidents locaux, les ouvriers s'arrangent généralement pour ne pas s'intoxiquer davantage.

S'ils persistent, on peut voir apparaître des troubles cutanés polymorphes de tout point semblables à ceux des accidents locaux. A une période plus avancée on peut constater de la mélanose du cou et des épaules gagnant le tronc et les membres, de la kératodermie palmaire et plantaire et enfin des altérations du système pileux et des ongles.

La paralysie arsenicale est plus tardive et plus exceptionnelle.

Encore plus rares sont la néphrite et la cachexie arsenicales qui résulteraient d'une intoxication prolongée très longtemps et aboutiraient à la mort du malade.

b) Quels sont les accidents qui peuvent provenir ordinairement ou exceptionnellement avec les mêmes symptômes d'autres causes? et *c*) Avec quelle certitude chacun d'eux peut-il être rattaché à l'action du poison?

La forme suraiguë de l'intoxication arsenicale revêt un appareil symptômatique assez spécial et de plus, les accidents succèdent très rapidement à l'absorption du poison, ce qui permet généralement de les attribuer à leur cause. Si donc le malade vient de manipuler des substances qui contiennent de l'arsenic normalement ou à l'état d'impuretés (zinc impur, acide sulfurique impur) et si on trouve de l'arsenic dans ses urines, le rattachement des symptômes à leur cause professionnelle se fera avec certitude. Celle-ci sera encore plus complète en cas de mort car on trouvera l'arsenic dans les organes. Dans tous les cas la déclaration légale pourra se faire dans un délai qui n'excédera pas huit jours à partir des premiers symptômes.

Parmi les accidents chroniques, les éruptions cutanées de l'arsenicisme présentent une variété et un polymorphisme tels que considérées isolément, elles n'auraient aucun caractère spécifique, leurs éléments pouvant se constater dans une foule de dermopathies d'origines les plus diverses. En ce qui touche spécialement les ulcérations, leurs caractères physiques, leur siège fréquent aux organes génitaux et à la face prêtent aisément à confusion avec des lésions syphilitiques.

De même les symptômes des paralysies arsenicales se confondent avec celles de toutes les névrites périphériques. De même la néphrite et la cachexie causées par l'arsenic n'ont aucun caractère spécial à ce poison.

Isolé, aucun de ces accidents ne permettrait d'établir avec certitude un diagnostic d'arsenicisme. Si, au contraire, plusieurs d'entre eux se trouvent réunis chez un ouvrier récemment exposé à l'action du poison, s'ils s'amendent rapidement après la cessation du travail dangereux et récidivent avec la reprise de ce travail, si le registre sanitaire montre que l'ouvrier a eu des troubles de même nature dans des circonstances analogues, cessant et reprenant avec son occupation, si le même registre constate que l'ouvrier n'a jamais été affecté de maladies qui se manifestent par les mêmes symptômes que ceux qui sont en cours, il est permis de dire que si le diagnostic n'est pas certain, la probabilité de l'origine professionnelle de la maladie sera néanmoins beaucoup plus grande que la probabilité contraire.

2° *Conséquences des accidents.*

Les conséquences de l'arsenicisme suraigu sont très graves. Cet accident cause la mort dans un tiers des cas. Si le malade échappe, son incapacité totale de travail ne dépasse pas six semaines à deux mois. Il peut lui rester une incapacité permanente, sous la forme de paralysie.

Les accidents locaux de l'arsenicisme occasionnent le plus souvent une indisposition sans chômage; cependant les ulcérations, peuvent obliger à cesser le travail pendant une durée de une à quatre semaines. Elles peuvent laisser derrière elle une légère diminution permanente de la capacité de travail.

Les accidents digestifs, laryngo-bronchiques et cutanés de l'arsenicisme chronique n'ont jamais de gravité. Ils n'attirent l'attention que par leur persistance ou leur coexistence avec d'autres troubles. Ils se bornent souvent à une indisposition sans chômage. S'il obligent à cesser le travail ils guérissent en quelques jours et n'occasionnent généralement pas plus de une à quatre semaines d'incapacité.

Nous avons vu que la paralysie arsenique est très rare. Elle n'occasionne pas la mort mais son pronostic est grave car elle peut durer très longtemps, des mois et même des années (5 ans dans un cas). Souvent, la guérison est incomplète, il persiste de l'atrophie ou des contractions et des rétractions. La paralysie arsenique est une véritable infirmité dont l'évolution est très lente et qui peut devenir définitive. En résumé, ses conséquences sont le plus souvent une incapacité permanente partielle ou totale.

La néphrite et la cachexie produites par l'arsenic sont encore plus rares que la paralysie. Elles peuvent causer la mort. Celui qui en est atteint est toujours frappé d'une incapacité de travail, d'abord partielle, puis ensuite totale.

3° *Délais de revision et de prescription.*

Pour la forme suraiguë de l'arsenicisme aucune difficulté. L'intervalle qui sépare l'intoxication de l'apparition des premiers symptômes ne peut s'étendre au-delà de quelques heures. Donc pas de changement au délai de prescription d'un an. Le délai de trois ans est aussi amplement suffisant pour les modifications qui surviendraient dans la diminution de capacité que la forme suraiguë peut laisser après elle.

Les accidents locaux par contact sont sous la dépendance immédiate et et nécessaire du contact du poison et ne peuvent se produire que dans les premiers jours qui suivent la dernière manipulation. Donc le délai de prescription d'un an est plus que suffisant en ce qui les concerne. Il en est de même du délai de revision de trois ans. L'incapacité permanente causée par les accidents locaux est très rare. Une fois établie, elle ne se modifie plus par elle-même.

Les accidents chroniques, accidents gastriques, pulmonaires, cutanés ou paralysies peuvent apparaître assez longtemps après la cessation du travail dangereux, sans que ce délai dépasse généralement quatre mois. Celui d'un an inscrit dans la loi de 1898, répond donc aux besoins. De ce groupe de manifestations les paralysies seules peuvent laisser une incapacité permanente partielle. Une fois celle-ci établie peut-elle s'aggraver d'elle-même, sans nouvelle influence du poison ?

Evidemment on ne peut affirmer le contraire, mais le délai de trois ans inscrit dans la loi couvrira la presque totalité des cas qui se présenteront.

Quant à la néphrite et à la cachexie d'origine arsenicale, elles peuvent apparaître et s'aggraver très longtemps après la cessation du travail dangereux et les délais d'un an et de trois ans sont insuffisants en ce qui les concerne. Ces deux maladies étant très rares comme manifestation d'arsenicisme, les faits observés ne sont pas assez nombreux pour fixer des maxima absolus. Cependant on peut admettre que deux ans pour la prescription et 5 ans pour la revision couvriraient une très grande partie des cas de la pratique.

4° *Liste des industries exposées à l'intoxication arsenique.*

Le docteur Layet donne un tableau de 27 industries exposées à l'arsenicisme. Ce tableau est reproduit à la page 108 du volume « Poisons industriels ». Dans cette liste nous proposons de retenir les industries suivantes comme les plus exposées :

1° Les fabriques de couleurs d'aniline qui produisent ou emploient la rosaniline arséniatée (dont le nombre a beaucoup diminué) et les fabriques de verts arsenicaux.

2° La fabrication ou l'emploi des papiers et étoffes teints avec des verts arsenicaux (teinturiers, apprêteurs d'étoffes, fabrication des papiers peints et des papiers colorés, fabrication des fleurs et feuillages artificiels).

3° L'industrie des corroyeurs, des mégissiers et des empailleurs qui manipulent des produits arsenicaux.

4° La fabrication des cristaux et émaux avec emploi d'arsenic.

***

LE SULFOCARBONISME PROFESSIONNEL.

MALADIES CAUSÉES PAR LE SULFURE DE CARBONE.

Le rapport sur le sulfure de carbone a été présenté par M. le docteur Heim. On le trouvera *in extenso* à la page 37. On a résumé ci-après les conclusions qui se dégagent de ce rapport et de la discussion à laquelle il a donné lieu.

1° *Diagnostic des accidents* :

a) Quels sont les accidents par lesquels se manifeste l'intoxication?

L'inhalation de grandes quantités de sulfure de carbone peut causer une intoxication aiguë qui se produit d'emblée ou qui frappe des sujets déjà atteints de sulfo-carbonisme chronique. Ce sont les phénomènes nerveux qui dominent cette « ivresse sulfocarbonée » avec céphalalgie intense, éblouissements, vertiges, loquacité, actes impulsifs, hallucinations, pâleur de la face, frissons et sueurs profuses, douleurs musculaires, convulsions épileptiformes, toux, oppression, palpitations, nausées, vomissements, régurgitations à l'œuf pourri.

Le contact du sulfure de carbone avec la peau ou la muqueuse oculaire, produit des accidents locaux. Sur la peau une sensation de cuisson suivie à la longue d'anesthésie plus ou moins marquée. Sur la conjonctive, de la conjonctivite simple ou suppurée.

A cette action locale se rattachent des phénomènes d'anesthésie cutanée déterminés par le contact des vapeurs toxiques. Plus lourdes que l'air, elles s'accumulent dans les parties basses des ateliers et ce sont les membres inférieurs des ouvriers qui sont le plus fréquemment atteints.

Dans un nombre minime de cas on a décrit une mélanodermie sulfo-carbonée qui ne paraît nullement caractéristique de l'empoisonnement par le sulfure. Quant au sulfocarbonisme chronique causé par l'inhalation longtemps répétée de faibles doses de sulfure, il comporte des formes bénignes et des formes graves. Les unes et les autres débutent généralement par des troubles digestifs, anorexie, flatulence, vomissements, diarrhée, puis viennent des troubles nerveux qui dominent l'ensemble symptômatique de cette intoxication.

Ces troubles nerveux peuvent se ranger en quatre groupes :

Des troubles de la sensibilité, troubles de la motilité, troubles sensoriels et troubles psychiques;

Des troubles de la sensibilité avec hémianesthésie, anesthésie localisée, hypéresthésie;

Des troubles de la motilité, avec paralysies diverses, parésie avec crampes, contractions, tremblements, hémiplégie, paraplégie, paralysies limitées et spasmes de la face;

Des troubles sensoriels, avec bourdonnements d'oreille, diminution ou abolition de l'ouïe, du gout, de l'odorat surtout, troubles oculaires particulièrement fréquents; anesthésie de la cornée, réduction de l'acuité et du champ visuels, paralysie de l'accommodation, amblyopie, scotome central; dans deux cas graves avec albuminurie, atrophie de la papille et hémorragie de la rétine;

Des troubles psychiques enfin, avec changement du caractère, irascibilité, manie passagère, affaiblissement de l'intelligence et de la mémoire, idées délirantes, hallucinations et enfin démence.

Certains des troubles qui viennent d'être passés en revue se présentent parfois isolément ou se succèdent. Il arrive souvent qu'ils soient associés, de manière à constituer le syndrôme d'une véritable hystérie sulfocarbonique. Pour certains auteurs cette hystérie est entièrement causée par l'empoisonnement. Pour d'autres elle était latente et c'est le toxique qui l'a réveillée.

b) Quels sont les accidents qui peuvent provenir ordinairement ou exceptionnellement avec les mêmes symptômes d'autres causes? et *c*) Avec quelle certitude chacun d'eux peut-il être rattaché à l'action du poison?

Il n'y a pas d'accident spécifique du sulfo-carbonisme et aucune de ses manifestations ne présente de caractère absolument spécial. Cependant la dépression des sens génésiques, l'odeur sulfo-carbonée de l'haleine et la présence du poison dans les urines, quand ils existent, sont des indices importants.

De plus, l'intoxication aiguë présente un cortège symptômatique assez particulier pour être aisément reconnue si on tient compte de la profession du sujet; comme les symptômes apparaissent d'une façon brusque, parfois foudroyante, il est presque toujours aisé de les rapporter à leur cause.

Les autres accidents au contraire ont un caractère très banal. Les troubles digestifs sont ceux de l'embarras gastrique. Les symptômes des paralysies sulfo-carboniques se confondent avec ceux des névrites périphériques, quelle que soit leur origine. Tous les autres accidents nerveux peuvent exister avec d'autres causes.

Quant à l'action locale du sulfure sur les téguments ou les muqueuses, elle peut presque toujours être rapportée à sa cause, parce qu'elle apparaît immédiatement après le contact du poison.

Le tremblement sulfo-carbonique peut aussi être différencié du tremblement mercuriel comme moins intense et moins général; il est plus délicat de le distinguer du tremblement de l'alcoolisme et de celui de la sclérose en plaques.

Dans l'atrophie musculaire progressive, la paralysie est consécutive à l'atrophie: c'est l'inverse dans l'intoxication sulfo-carbonique. La paralysie générale des aliénés, indépendamment de sa marche fatale et progressive, présente l'inégalité pupillaire, le bégaiement, les signes de congestion cérébrale qui manquent dans l'intoxication par le sulfure.

Si, de plus, ses symptômes sont bénins comme il arrive le plus souvent, s'ils disparaissent par le seul fait de la cessation de travail dangereux et reparaissent aussitôt qu'il est repris, si surtout le registre sanitaire dont on a déjà parlé permet de constater que le sujet a déjà présenté ces alternatives de santé et de maladie dans les mêmes conditions, et qu'il n'est atteint d'aucune autre affection pouvant offrir les mêmes symptômes, on pourra dire que le diagnostic est appuyé sinon sur une certitude du moins sur une probabilité bien suffisante pour que l'indisposition soit mise à la charge de l'industrie plutôt qu'à celle de l'ouvrier.

2° *Conséquence des accidents :*

On ne meurt guère de sulfo-carbonisme professionnel même aigu, mais cette intoxication peut abréger la vie, compromettre d'une manière plus ou moins grave la santé et faciliter, du fait de la misère physiologique qu'elle détermine, l'éclosion d'autres affections. Le réveil toujours à craindre d'une hystérie latente détermine presque à coup sûr une diminution de la capacité de travail de l'ouvrier.

Dans certains cas de sulfo-carbonisme aigu, le coma paraît imminent mais la littérature ne signale aucune issue fatale. Les symptômes sont généralement longs à se dissiper et le patient peut y perdre une partie de son intelligence. Donc pour ce cas, incapacité temporaire de 1 à 4 semaines et quelquefois un peu d'incapacité permanente partielle.

Les accidents locaux ne comportent que de l'indisposition sans chômage.

Quant aux accidents chroniques, s'ils sont légers, si l'intoxication est récente, si le malade cesse aussitôt de s'y exposer, les troubles peuvent disparaître en peu de temps sans laisser aucune trace, d'où incapacité temporaire de 1 à 8 semaines.

Si au contraire l'intoxication est ancienne, si les accidents nerveux se sont déjà produits à plusieurs reprises, leur guérison peut être lente (1 à 7 mois) et tous peuvent laisser après eux des altérations permanentes avec ou sans hystérie constituant des incapacités permanentes partielles ou même totales. Il en est ainsi notamment quand les accès laissent des paralysies, des contractures, des tremblements, des troubles oculaires ou psychiques.

3° *Délais de revision ou de prescription :*

Les accidents du sulfo-carbonisme semblent se manifester toujours très peu de temps après l'absorption du poison et en matières d'accidents aigus les délais d'un an et de trois ans prévus par la loi sont amplement suffisants. La chose est moins certaine en ce qui touche les troubles chroniques, l'attention des auteurs ne s'étant pas portée spécialement sur ce point. Cependant il semble que les délais d'un an et de trois ans couvriront la très grande majorité des cas qui pourront se présenter.

4° *Liste des industries exposées à l'intoxication sulfo-carbonique.*

En dehors de la fabrication du sulfure de carbone (préparation et distillation) les industries qui emploient ce produit sont celles où il sert à gonfler ou à vulcaniser le caoutchouc et celles où on l'emploie pour récupérer par dissolution et distillation une petite quantité d'huile ou de graisse qui reste dans certains résidus industriels.

Les intoxications seraient, paraît-il, rares dans ces dernières industries et on attribue cette immunité relative au fait que le sulfure abandonne ses impuretés aux corps gras à la première distillation.

Quant à la dissolution de caoutchouc qui a de nombreux emplois industriels, elle se fait maintenant dans le benzol ou benzine brute du commerce et ne contient plus de sulfure de carbone.

En conséquence, la liste des industries exposées au sulfo-carbonisme pourrait être arrêtée comme il suit :

Fabrication du sulfure de carbone (préparation et distillation);
Vulcanisation et travail du caoutchouc à l'aide du sulfure de carbone;
Extraction des huiles et graisses par le sulfure de carbone;
Fabrication de la viscose et de ses dérivés (soie artificielle).

L'HYDROCARBURISME PROFESSIONFEL

MALADIES CAUSÉES PAR LA BENZINE, LA NITROBENZINE, L'ANILINE, LES ESSENCES, ETC.

Le rapport sur les intoxications causées par les hydrocarbures a été rédigé par M. le docteur Courtois-Suffit. On le trouvera in-extenso à la page 51. On a résumé ci-après les conclusions qui se dégagent de ce rapport et de la discussion à laquelle il a donné lieu.

Les intoxications par les hydrocarbures peuvent se classer en quatre groupes.

Les deux premiers réunissent des intoxications aiguës et des accidents cutanés dont l'origine professionnelle est presque toujours évidente. Il semble que ces intoxications et ces lésions cutanées doivent être *de plano* assimilées aux accidents du travail, même quand il n'est pas certain que leur origine ait été marquée par un événement tout à fait soudain. Les dispositions de la loi de 1898 paraissent leur être applicables presque sans changement.

D'autre part, l'action prolongée des hydrocarbures sur l'organisme peut gêner l'hématose et la nutrition, mais là comme dans plusieurs cas précédents cette action n'est malheureusement pas assez caractérisée pour être distinguée d'autres causes des mêmes troubles. Enfin l'action des hydrocarbures cause des névrites, mais rien ne les distingue au point de vue clinique des autres névrites d'origine toxique, des névrites alcooliques notamment. Néanmoins ces névrites doivent être considérées comme des maladies professionnelles dans les industries où les ouvriers sont exposés à respirer des hydrocarbures, à moins que la preuve d'une autre origine ne soit faite. Les observations qui les concernent sont trop peu nombreuses pour permettre de répondre avec précision au questionnaire habituel.

Les dispositions individuelles jouent un rôle important dans les accidents nerveux d'origine toxique. Mais comme dans les autres empoisonnements industriels, comme dans le cas des accidents du travail, la Commission estime que la prédisposition ne doit entrer en ligne de compte ni pour établir le droit à indemnité ni pour fixer le montant de celle-ci.

Les principales industries ou professions dans lesquelles les névrites hydrocarburiques peuvent se rencontrer sont celles ou on produit, distille ou manipule la benzine et ses homologues, telles les fabriques de benzine, les ateliers de teinturiers dégraisseurs et les ateliers où on emploie la dissolution de caoutchouc dans le benzol.

Il faut remarquer que la benzine est toxique non seulement par elle-même, mais par des impuretés que la benzine commerciale ou *benzol* contient toujours, notamment des méthylcarbylamines et des phénylcarbylamines. Il faut noter aussi que les accidents peuvent être totalement évités par une ventilation suffisante.

En examinant les dermatosés dues à la manipulation des hydrocarbures, la Commission a été amenée à envisager les accidents cutanés d'origine professionnelle considérés en général et dans les diverses professions où ils se rencontrent. Comme résumé et conclusion de cette discussion, la Commission a exprimé l'avis que dans tous les travaux où les ouvriers manipulent des substances irritantes ou toxiques, les lésions artificielles de la peau ou des muqueuses doivent être classées comme maladies professionnelles.

LE SULPHYDRISME PROFESSIONNEL.

MALADIES CAUSÉES PAR L'HYDROGÈNE SULFURÉ.

Le rapport sur les intoxications causées par l'hydrogène sulfuré a été rédigé par M. le docteur Courtois-Suffit; on le trouvera in-extenso à la page 62. Ses conclusions et la discussion qu'il a soulevée peuvent se résumer comme il suit :

L'intoxication par l'hydrogène sulfuré se manifeste dans la très grande majorité des cas par un accident aigu et presque toujours mortel : « le coup de plomb ».

La mort se produit au moment même de l'accident ou quelques heures après. Si l'ouvrier ne meurt pas il ne semble pas qu'il garde de traces durables de l'accident. Ce coup de plomb a tous les caractères d'un véritable accident du travail et la loi de 1898 lui est immédiatement applicable.

Quant à une intoxication chronique par l'hydrogène sulfuré, son existence, est au moins douteuse. En tous cas cet empoisonnement est trop peu connu pour qu'aucune réponse précise puisse être faite au questionnaire habituel.

MALADIES PROFESSIONNELLES

CAUSÉES PAR LES VAPEURS ET GAZ VÉNÉNEUX ET CAUSTIQUES.

Le rapport sur l'empoisonnement par les vapeurs et gaz vénéneux et toxiques a été rédigé par M. le docteur Le Roy des Barres. On le trouvera *in-extenso* à la page 67. Ses conclusions et la discussion qu'il a soulevée peuvent se résumer comme il suit :

Les gaz et vapeurs étudiés par le rapporteur sont l'acide sulfureux, les vapeurs nitreuses, les vapeurs de chlore et d'acide chlorydriques, de brôme d'iode et d'acide fluorhydrique, l'acide carbonique et l'oxyde de carbone.

Ces gaz et vapeurs produisent surtout des intoxications massives, la plupart d'une haute gravité, qui précisément en raison de leur apparition soudaine doivent être classées et sont classées dès maintenant comme accidents du travail.

Sauf l'acide carbonique et l'oxyde de carbone, les autres vapeurs citées peuvent également produire, sur les muqueuses de l'œil et sur la peau, des irritations qui aboutissent à des ulcérations, véritables traumatismes qui doivent aussi être considérés comme des accidents du travail. La loi de 1898 paraît leur être applicable sans difficulté et presque sans changements. L'incapacité de travail résultant de ces ulcérations est généralement temporaire et presque toujours partielle.

Mais les gaz et vapeurs caustiques produisent aussi sur la peau et surtout sur les muqueuses de l'œil et de l'appareil respiratoire, des irritations qui peuvent causer des bronchites, des pneumonies et des ophtalmies diverses.

Il est toujours aisé de soupçonner la cause professionnelle de ces accidents quand le travailleur est habituellement exposé à des vapeurs caustiques, mais leurs symptômes différeront rarement assez de ceux des mêmes maladies produites par une cause banale pour qu'on puisse affirmer que ce n'est pas une cause banale qui les a produites dans le cas considéré.

Il est certain d'autre part que l'inspiration constamment répétée de petites doses de ces vapeurs caustiques ou d'oxyde de carbone nuit à l'hématose et affaiblit les défenses de l'organisme, facilitant ainsi l'invasion d'un grand nombre de maladies, notamment la tuberculose. Mais ici, il est encore plus difficile d'affirmer que la cause professionnelle a été déterminante ou même principale au milieu de toutes les autres causes banales qui peuvent agir dans le même sens et la réparation des dommages causés par ces intoxications lentes apparaît comme presque impossible à régler. Il est heureux que l'aménagement et la surveillance des ateliers puissent presque toujours protéger efficacement les ouvriers contre ces insalubrités, d'autant que parmi ces gaz et vapeurs, un seul, l'oxyde de carbone, peut agir à l'insu des victimes. Tous les autres sont incommodes avant d'être dangereux.

LA SEPTICÉMIE PROFESSIONNELLE

MALADIES CAUSÉS PAR LES VIRUS.

Le rapport sur les empoisonnements par les virus a été rédigé par M. le docteur Brémond. Il porte sur les virus de la variole, du charbon et de la morve. On le trouvera in-extenso à la page 76. Ses conclusions et la discussion qu'il a soulevée peuvent se résumer comme il suit :

La variole, le charbon et la morve ont toujours une origine externe consistant dans une infection microbienne qui s'est nécessairement produite à un instant déterminé et il semble bien qu'on trouve ici le caractère de soudaineté que la jurisprudence exige des événements accidentels pour appliquer à leur réparation le bénéfice de la loi de 1898.

Quant aux réponses au questionnaire habituel, elles peuvent être établies comme il suit pour chaque infection :

Variole. — La variole d'origine professionnelle n'offre aucun symptôme qui la différencie d'une variole ayant une autre origine et son rattachement à une cause professionnelle ne pourra résulter que de considérations étrangères à la clinique.

On peut fixer à 20 jours le délai maximum qui puisse s'écouler entre la cessation du travail dangereux et l'éclosion de la maladie.

La variole peut entraîner la mort, l'incapacité totale permanente, l'incapacité partielle permanente et des incapacités temporaires diverses. Habituellement l'incapacité est temporaire et dure de 2 à 4 semaines.

Le délai, à partir de l'origine de l'incapacité de travail, dans lequel le diagnostic pourra être établi ne dépassera pas 10 jours.

Les délais de revision et de prescription inscrits dans la loi de 1898 paraissent suffisants.

On doit comprendre parmi les professions exposées toutes celles qui font manipuler normalement par des ouvriers de l'industrie des objets ayant été en contact avec des varioleux. On citera le travail des trieurs de vieux papiers et de vieux chiffons, celui des blanchisseurs, matelassiers et tapissiers et celui des ouvriers employés par des entreprises de désinfection, de transport, de garde des malades et de travaux se rapportant aux funérailles.

En terminant ce qui concerne la variole, la Commission a émis l'avis que tout ce qui vient d'être dit de cette maladie, sauf la durée de l'incapacité, s'applique aussi bien à toutes les autres maladies contagieuses, autant qu'elles peuvent atteindre les ouvriers des professions énumérées. Dans ces professions toutes les maladies contagieuses peuvent, le cas échéant, avoir une origine professionnelle et leur réparation doit être prévue par la loi.

Charbon. — Le charbon est extrêmement rare en dehors des ouvriers qui contractent cette infection dans certaines manipulations industrielles et son origine professionnelle ne saurait presque jamais être mis en doute.

La forme externe ou pustuleuse est pour ainsi dire seule connue en France. En Angleterre et en Allemagne on a observé deux formes internes, l'une pulmonaire et l'autre intestinale. Les accidents externes ou internes du charbon ne peuvent jamais provenir avec les mêmes symptômes d'autres causes.

Un délai de six jours à partir de l'origine de l'incapacité de travail suffira en général pour que le diagnostic puisse être établi et la déclaration faite.

Le charbon peut entraîner la mort. Quand il se déclare à une paupière il peut nécessiter une suture et une occlusion palpébrale de longue durée (14 mois dans un cas cité par un membre) constituant une incapacité temporaire au moins partielle. Dans les mêmes circonstances il peut causer une ophtalmie qui se termine par la perte d'un œil, d'où incapacité permanente partielle. Même dans ces derniers cas les délais de prescription et de revision fixés par la loi de 1898 sont plus que suffisants.

Les professions industrielles exposées au charbon sont toutes celles où des travailleurs de l'industrie sont en contact avec des animaux susceptibles d'être atteints du charbon où avec leurs dépouilles : on citera notamment les cochers et palefreniers de l'industrie, les équarisseurs, bouchers, porteurs de viande aux halles, les boyaudiers, les employés des entreprises de transport (dockers, employés de chemins de fer et de camionnage), les criniers, brossiers, cardeurs et laveurs de laine, les tanneurs et mégissiers, les ouvriers qui manipulent des cornes ou des os.

Morve. — La morve est une maladie du cheval qui se communique quelquefois à l'homme, mais rarement. Contrairement à l'opinion d'un petit nombre d'auteurs, il ne semble pas que la véritable morve puisse avoir une origine différente de celle-ci. Lorsqu'un ouvrier vivant avec des chevaux ou manipulant leurs dépouilles est atteint de morve, on peut donc affirmer avec certitude l'origine professionnelle de sa maladie.

Les signes de la morve manquent de netteté au début et il est possible que le diagnostic et la déclaration conséquente ne puissent être établis avant plusieurs mois.

La morve est généralement mortelle. Si elle guérit, son évolution peut être très longue, six mois à un an en moyenne. Elle peut laisser une incapacité permanente partielle du côté des muscles et parfois des articulations.

Les délais de revision et de prescription inscrits dans la loi de 1898 paraissent suffisants.

LES PNEUMOKONIOSES PROFESSIONNELLES

MALADIES CAUSÉES PAR LES POUSSIÈRES.

Le rapport sur les pneumokonioses ou maladies pulmonaires causées par les poussières dans certaines industries a été présenté par M. le docteur Courtois-Suffit. On le trouvera in-extenso à la page 89. Ses conclusions et la discussion qu'il a soulevée peuvent se résumer comme il suit :

Toutes les poussières très fines d'origine animale et végétale sont susceptibles de pénétrer dans le poumon. Par leur présence et leur décomposition, elles irritent le tissu pulmonaire. Si elles sont respirées en abondance et d'une façon continue elles peuvent causer des lésions ou favoriser des infections streptococciques ou bacillaires.

Diverses poussières minérales causent des lésions ou favorisent des infections par un mécanisme semblable. Les mieux connues sont les anthracoses ou lésions causées par la poussière de charbon, les chalicoses ou lésions causées par les poussières siliceuses, les sidéroses ou lésions causées par les poussières de fer, et la pneumonie à scories contractée par les ouvriers qui manipulent les engrais obtenus en pulvérisant les scories de déphosphoration des aciers Gilchrist-Thomas.

De nombreuses observations montrent que les maladies des voies respiratoires et notamment la tuberculose sont d'une fréquences exceptionnelle dans les industries où les ouvriers sont exposés à un dégagement abondant et continu des poussières qui ont été passées en revue. En conséquence, la Commission a émis l'avis :

1° Que les pneumokonioses présentent le caractère de maladies spéciales à des industries déterminées;

2° Que dans ces industries les chances d'infection tuberculeuse sont telles que la tuberculose doit également être considérée comme étant une maladie professionnelle.

Quant aux réponses au questionnaire habituel, elles peuvent s'établir de la façon suivante :

Les maladies des voies respiratoires causées par les poussières necomportent aucun signe clinique qui puisse les différencier nettement des mêmes maladies provenant d'une autre origine ; l'examen des crachats permet toujours de constater, à l'œil ou au microscope, la présence des particules de charbon de fer, de silice etc., auxquelles la maladie peut être attribuée, mais il est presque impossible de prouver que ces crachats particuliers soient autre chose qu'un signe d'identité professionnelle et qu'il existe véritablement une relation de cause à effet entre les particules inhalées et la maladie constatée.

Il est impossible de fixer un délai dans lequel le rattachement à la cause professionnelle et la déclaration pourront être faits.

Les poussières industrielles peuvent causer des bronchites et des pneumonies à tous les degrés de gravité et occasionner toutes les variétés d'incapacité temporaire totale qui peuvent résulter de ces maladies quand elles proviennent d'une cause banale, incapacité dont la durée varie le plus souvent de 1 à 4 semaines.

Si l'ouvrier cesse le travail dangereux aux premiers accidents il peut guérir complètement. Sinon l'infiltration du poumon augmente et l'organe s'indure. L'ouvrier se plaint d'oppression presque continue et l'expectoration se fait plus abondante. Petit à petit elle devient purulente ou même sanglante. Cette période dure souvent longtemps, et bien que l'état général soit médiocre et la mine mauvaise, l'ouvrier n'a pas cessé de travailler, mais à un certain moment et plus ou moins vite, apparaissent les symptômes progressifs d'une phtisie cavitaire, avec ou sans bacilles; amaigrissement, sueurs nocturnes, toux incessante, hémoptisies, diarrhée. Le malade devient de plus en plus incapable de travailler : il tombe dans la consomption pour aboutir à la mort.

Exceptionnellement les pneumokonioses et surtout les tuberculoses conséquentes peuvent se déclarer très longtemps après la cessation du travail dangereux ou donner lieu à des rechutes et à des aggravations après qu'une première période d'état a été observée pendant plusieurs années. Néanmoins on peut dire que les délais de prescription et de revision d'un an et de trois ans fixés par la loi de 1898 couvriront la très grande majorité des cas qui se présenteront.

Dans un certain nombre d'industries tout danger est écarté par des installation de ventilation localisée. Il pourrait en être de même presque partout.

Les principales professions dans lesquelles les ouvriers peuvent être atteints de pneumokonioses plus ou moins graves, sont énumérées ci-dessous.

Poussières animales.

Poussières de laine (batteurs de tapis, bonnetiers, couverturiers, peigneurs, cardeurs, tisseurs de laine, cardeurs de laine renaissance.) — Poussières de soie (batteurs et cardeurs de soie), poussières de cheveux, poils et plumes, brossiers, selliers, tapissiers, chapeliers, plumassiers.

Poussières de nacre (nacriers).

Poussières végétales

Poussières de charbon. (Anthracose pathologique) : mineurs, charbonniers, mouleurs en métaux, chauffeurs, employés de chemin de fer, fumistes, ramoneurs.

Poussières de tabac (tabacosis) ouvriers des manufactures nationales employés à l'ouverture des ballots, à l'écabochage et à la démolition des masses de tabac en cases. Ces trois préparations seules dégagent des poussières. Toutes les autres se font sur du tabac humide et en dégagent peu ou point.

Employés des divers magasins de la Régie (magasins régionaux de culture et magasins de transit des ports, entrepôts d'arrondissement et débits). Ces employés manipulent la feuille ou le produit à l'état plus ou moins sec avec dégagement de poussières.

Poussières de coton (byssinosis) batteurs, cardeurs et débourreurs de coton).

Poussières de lin et de chanvre (peigneurs, cardeurs et fileurs de lin et de chanvre, cordiers).

Poussières de bois (scieurs de bois, menuisiers, ébénistes, tourneurs).

Poussières de farine (meuniers, boulangers).

Poussières minérales.

Poussières de fer (sidérose) : tailleurs de limes, polisseurs se servant d'oxyde rouge de fer.

Poussières silicieuses (chalicose) : casseurs de pierres, cantonniers, porcelainiers et potiers.

Poussières de silice et de fer (sidero-chalycose) : meuleurs, remouleurs, aiguiseurs, tailleurs de pierres, épointeurs d'aiguilles.

Poussières de phosphates et de silice, poussières de ciment :

Fabricants et transporteurs d'engrais fabriquées avec des scories provenant de la phosphoration des aciers.

LES DERMATOSES PROFESSIONNELLES.

AFFECTIONS DE LA PEAU, DES YEUX ET DU NEZ CAUSÉES PAR DIVERS PROCÉDÉS DE TRAVAIL.

Le rapport sur les dermatoses professionnelles a été présenté par MM. les docteurs Le Roy des Barres et Courtois-Suffit. On le trouvera in extenso à la page 97.

Les conclusions et la discussion à laquelle il a donné lieu peuvent se résumer comme il suit :

Il y aurait d'abord lieu de rappeler l'influence des prédispositions individuelles dans le développement des dermatoses, mais cette question de la prédisposition a été traitée plusieurs fois dans le rapport et on n'y insistera pas.

Les dermatoses d'origine professionnelle se présentent dans beaucoup de professions que le rapport passe successivement en revue. Aucune de ces dermatoses ne peut causer la mort, sauf le charbon qui a déjà été traité précédemment et à l'exception de l'acné chlorique et de l'ulcération dénommée *pigeonneau*, à l'exception aussi d'ophtalmies négligées et causant la perte d'un œil, aucune des autres dermatoses ne laisse d'incapacité permanente. En revanche, il y a lieu de prévoir des récidives si l'ouvrier continue les mêmes manipulations et ces dermatoses habituellement légères peuvent, dans certains cas, atteindre une intensité telle, qu'elles causent une incapacité temporaire. La plupart du temps elles n'obligent pas l'ouvrier à cesser tout travail, néanmoins, le fait pouvant se produire, il est juste que dans ce cas le malade soit indemnisé.

Quand l'intensité d'une dermatose habituellement légère sera assez grande pour que le travail soit suspendu, il sera bien rare que l'origine professionnelle ne soit presque évidente s'il s'agit d'une des professions passées en revue par le rapport. En tout cas cette origine sera tellement probable qu'il sera juste de la présumer en faveur de l'ouvrier.

Le diagnostic, dans le cas de dermatose arrivée au point de faire cesser le travail, pourra s'établir presque immédiatement. Le délai n'atteindra pas une semaine à partir de l'origine de l'incapacité de travail.

La guérison sera généralement rapide quand le travail insalubre sera suspendu à temps et la durée de l'incapacité de travail excédera rarement quatre semaines pour les lésions sèches et trois mois pour les lésions humides.

C'est exceptionnellement que le *pigeonneau* ou ulcération professionnelle des mains se transformera en une large ulcération rebelle à se cicatriser, souvent infectée secondairement et laissant après elles des infirmités durables sous forme de cicatrices avec brides douloureuses ou de rétraction des aponévroses. Habituellement, la guérison sera la règle si le travail dangereux est suspendu à temps et, sauf exceptions assez rares, la durée de l'incapacité de travail n'excèdera pas cinq semaines.

Quant aux ophtalmies d'origine professionnelle, elles causent les mêmes variés d'incapacité temporaire que les ophtalmies dues à des causes banales et peuvent être compatibles avec la continuation d'un travail non dangereux. Négligées, elles peuvent durer très longtemps et aboutir à la perte de l'œil.

Lorsque la lésion de l'œil sera assez grave pour motiver la suspension du travail, le diagnostic d'origine professionnelle pourra généralement se faire presque immédiatement, quand il sera possible.

Si l'ouvrier est mis au repos ou au moins écarté du travail dangereux et s'il reçoit les soins nécessaires, il peut le plus souvent guérir sans cesser de travailler à une autre occupation, du moins dans les cas les plus bénins.

A l'exception des cas de conjonctivite granuleuse dont la durée peut atteindre six mois ou davantage, la durée de l'incapacité de travail dépassera rarement deux mois.

L'acné chlorique a été décrite dans le rapport particulier sur les dermatoses. C'est une affection dangereuse et peu connue car l'industrie qui a la cause est d'origine récente et deux usines seulement existent en France. Tout ce qu'on peut dire d'elle, c'est que le diagnostic d'origine professionnelle ne laisse aucun doute et que les renseignements manquent pour répondre avec précision au questionnaire habituel.

Une observation générale concernant les dermatoses est qu'une première poussée de la maladie rend, pendant quelques mois au moins, les tissus particulièrement aptes à subir une nouvelle atteinte. Cependant, après un délai qui peut être fixé dans la plupart des cas à six mois, on peut considérer cet effet comme atténué au point que la nouvelle cause nécessaire pour déterminer la maladie a une importance tout à fait prépondérante et qu'il n'y a pas de lien à établir au point de vue de la réparation entre l'accident nouveau et l'occupation ancienne du malade.

Ce délai de six mois pourrait remplacer celui d'un an qui est inscrit dans la loi de 1898 en ce qui concerne la prescription.

La rhinite perforante d'origine professionnelle n'oblige généralement pas l'ouvrier à cesser son travail. Mais il est rare que les poussières caustiques qui la causent ne produisent pas en même temps des désordres plus ou moins graves dans l'appareil respiratoire. Il a été rendu compte de ceux-ci antérieurement.

En terminant l'examen du rapport qui précède, la Commission, sur la proposition de son honorable rapporteur, M. le Dr Le Roy des Barres, a exprimé l'avis qu'un des principaux bénéfices de la loi serait le grand progrès qu'elle amènera dans l'hygiène de l'industrie. L'attention des industriels se trouvera appelée sur les maladies professionnelles et d'eux-mêmes, ils prémuniront leurs ouvriers contre bien des indispositions évitables dont ils auraient à supporter la réparation s'ils ne les évitaient pas. Dans plusieurs industries où les maladies ont été reconnues légères et évitables, elles disparaîtront certainement d'une façon complète devant des précautions prises à peu de frais.

***

Le rapport dont l'analyse précède est le dernier de ceux que la Commission avait demandés à ses rapporteurs. Les considérations générales qui se dégagent des discussions de la Commission ayant été présentées en tête du présent rapport général, celui-ci prend fin avec cette analyse.

TABLE DES MATIÈRES.

Pages.

www.ingramcontent.com/pod-product-compliance
Ingram Content Group UK Ltd.
Pitfield, Milton Keynes, MK11 3LW, UK
UKHW020338230726
13925UKWH00003B/848

9 782019 214234